PROGRAMMAZIONE DI EXPERT ADVISOR PER PRINCIPIANTI

Strategie Forex MT4 con Profitto Massimo

WAYNE WALKER

© Copyright 2018 di Wayne Walker, Tutti i diritti riservati.

Questo libro è stato scritto con l'obiettivo di fornire informazioni che siano il più possibile accurate e affidabili. Prima di intraprendere qualsiasi azione contenuta nel presente documento, dovrebbero essere consultati dei professionisti a seconda delle necessità.

La presente dichiarazione è ritenuta equa e valida sia dall'American Bar Association che dalla Committee of Publishers Association, giuridicamente vincolante in tutti gli Stati Uniti.

Inoltre, la trasmissione, la duplicazione o la riproduzione di una qualsiasi delle seguenti opere, incluse informazioni precise, saranno considerati atti illegali, indipendentemente dal fatto che avvengano in modalità elettronica o a mezzo stampa. La legalità si estende alla creazione di copie secondarie o terziarie dell'opera o di una copia registrata, consentite esclusivamente con l'espresso consenso scritto dell'Editore. Tutti i diritti aggiuntivi sono riservati.

Le informazioni contenute nelle seguenti pagine devono essere considerate, in linea di massima, un resoconto veritiero e accurato dei fatti e, in quanto tali, qualsiasi disattenzione, uso o abuso delle informazioni in questione da parte del lettore renderà qualsiasi azione risultante esclusivamente di sua competenza. Non esistono scenari in cui l'editore o l'autore originale di quest'opera possano in alcun modo essere ritenuti responsabili per eventuali disagi o danni che potrebbero verificarsi dopo aver messo in atto le informazioni qui descritte.

INDICE

INTRODUZIONE 5

CHAPTER 1: Nozioni di base del Trading..7

CHAPTER 2: Trading Automatico 11

CHAPTER 3: MetaTrader e MetaEditor 15

CHAPTER 4: Introduzione ai Diagrammi di Flusso.....................27

CHAPTER 5: Introduzione alle Funzioni 37

CHAPTER 6: Funzione NewOrder() 65

CHAPTER 7: Funzione IsNewBar 75

CHAPTER 8: Funzione Ordini Totali 82

CHAPTER 9: Funzione Chiudi Tutti gli Ordini 90

CHAPTER 10: Funzione Pips 96

CHAPTER 11: Funzione BreakEven 102

CHAPTER 12: Funzione Trailing Stop..111

CHAPTER 13: Funzione Trade 119

CHAPTER 14: Funzione CandleClose 127

CHAPTER 15: Funzione Strategy 137

CHAPTER 16: Come usare la funzione OnTick() 143

CHAPTER 17: Progettare una strategia di trading 147

CONTENUTO BONUS (Istruzione If, Funzione ciclo for) 151

CONCLUSIONI... 159

L'AUTORE..161

INTRODUZIONE

Congratulazioni per la tua copia personale di *Programmazione di Expert Advisor per Principianti*. Questo libro speciale ti fornirà solide basi sulle tecniche necessarie per la programmazione di expert advisor. Questo libro verterà tutto sulle applicazioni pratiche, così come è nello stile di tutti i miei lavori. Grazie per aver scelto questo libro!

CHAPTER 1:
Nozioni di base del Trading

Cosa si intende per trading in termini finanziari?

Il trading è l'acquisto o la vendita di uno strumento con l'obiettivo di trarre profitto da tale operazione. Il tuo ruolo è quello di speculare sul prezzo che sale o scende. Puoi andare **long (comprare)** nel momento in cui acquisti uno strumento e tentare di venderlo ad un prezzo più alto. Oppure puoi andare **short (vendere)** nel momento in cui prendi in prestito uno strumento che vende ad un prezzo alto e supponi che il prezzo diminuirà, e quando il prezzo è diminuito lo riacquisti dal mercato e lo restituisci al proprietario; un sorta di relazione mercato-produttore, mantenendo la diminuzione del prezzo come profitto.

Puoi fare trading con o senza leva. Se la tua leva è 1:200 significa che per ogni dollaro presente nel tuo conto hai un potere d'acquisto di 200 volte. Se hai un conto di 500 USD, allora puoi acquistare per un importo del titolo di 200 x 500=100.000 dollari. Il margine equivale all'importo che deve essere presente nel tuo account per utilizzare la leva.

Diversi tipi di ordini

Ordine Buy Market: acquista lo strumento al prezzo spot corrente.

Ordine Buy Limit: se il prezzo di mercato corrente è 100, puoi inserire un ordine buy limit a 95 in modo da acquistare se il prezzo scende.

Ordine Buy Stop: se il prezzo di mercato corrente è 100 e vuoi acquistare se supera 110, allora devi inserire un ordine buy stop a quel livello, stop che verrà attivato se il prezzo supera il livello impostato. Puoi anche portare avanti questo tipo di ordini sul lato vendita, ad esempio sell limit, sell stop, sell market.

Stop-loss e Take-profit

A volte il mercato si muove velocemente, e se non puoi stare sempre davanti al computer puoi impostare ordini di uscita per le tue operazioni di trading. Questi ordini vengono chiamati **stop-loss** e **take-profit**. Lo stop-loss è un ordine che viene attivato se la tuo operazione di trading si muove contro di te e termina con una perdita. Il take-profit è l'opposto, rappresenta tutto il profitto che vuoi dal mercato.

CHAPTER 2:
Trading Automatico

Perché il trading automatico – perché sviluppare algoritmi per la tua strategia di trading?

Ci sono diversi vantaggi del trading quantitativo. Le persone provano sentimenti ed emozioni quando si parla del loro denaro, preferiscono perdere poco e vincere molto. Immaginiamo che tu abbia appena avviato un'operazione di trading, quello che sperimenterai è il non voler sperimentare un'operazione in perdita, è difficile accettare un'eventualità del genere. Ma se sei in un momento di profitto, preferirai chiudere la tua operazione con un piccolo guadagno. Quello che potresti anche sperimentare è che dopo aver chiuso l'operazione si trading vincente, il mercato continua a muoversi a tuo favore. Emotivamente è difficile seguire la regola *"riduci le perdite e lascia correre i profitti"*. Automatizzando la tua strategia, permetti all'algoritmo di fare trading e quindi di separare i tuoi sentimenti dalla strategia. Il tuo algoritmo ha regole predefinite che vengono eseguite senza interazioni da parte tua.

Come esseri umani, è difficile e richiede tempo monitorare tutti i mercati e attendere tutti i segnali di ingresso. Automatizzando le tue operazioni di trading risparmi tempo e aumenti il numero di strumenti negoziabili, questo perché utilizzi il tuo algoritmo su di essi. Puoi fare trading quando vuoi, in qualsiasi mercato tu voglia, senza dover stare troppo tempo davanti al computer.

Se stai cercando di sviluppare una strategia di trading ti possono venire in mente diverse idee. Inizi a studiare i grafici e controlli i 2-

3 mesi precedenti per vedere in che modo potrebbe funzionare la strategia. Questo periodo però non è abbastanza lungo, devi effettuare molti anni di backtest per avere dimostrazione se una strategia è buona. Questo può essere fatto solo sviluppando un algoritmo ed effettuando backtesting per diversi anni, con strumenti e tempistiche differenti. Tuttavia, non puoi farlo manualmente perché richiede tempo e questo sarà sempre meno dedicato allo sviluppo di un nuovo sistema di trading. Imparando a programmare ti potrai attrezzare per sviluppare nuove strategie di trading, oltre ad essere in grado di rilevare quelle inutili.

Linguaggio di programmazione

Per programmare la tua strategia di trading puoi utilizzare diversi linguaggi. La verità è che non c'è molta differenza tra i vari linguaggi. Se riesci a codificare un linguaggio puoi codificarne anche altri, devi solo apportare alcune modifiche al modo in cui codifichi, ma le basi sono simili per molte di esse.

Noi utilizzeremo la piattaforma Meta Trader 4. Essa si avvale della programmazione mql, simile a java/C/C#/C++. I motivi per cui utilizziamo questa piattaforma sono differenti. È open source, il che significa che puoi codificare una strategia, eseguire il backtest ed avviarlo su un conto demo gratuitamente. La comunità di trading che usa questo linguaggio è enorme, quindi se hai problemi puoi semplicemente cercare la soluzione su Internet. Non devi nemmeno ricercare i dati storici, sono già presenti sulla piattaforma. Infine, molti broker utilizzano la piattaforma quindi non è difficile trovarne uno con le preferenze richieste.

L'obiettivo di questo libro è di seguire un approccio pratico che ti insegnerà ciò di cui hai bisogno per codificare la tua strategia di trading.

CHAPTER 3:
MetaTrader e MetaEditor

MetaTrader

MetaTrader è la piattaforma in cui fai trading, hai i tuoi grafici, esegui i tuoi algoritmi, testi le strategie, praticamente tutto ciò che attui avviene su questa piattaforma. Qui puoi anche fare trading manuale. Tutto ciò che normalmente puoi fare su una piattaforma di trading puoi farlo qui.

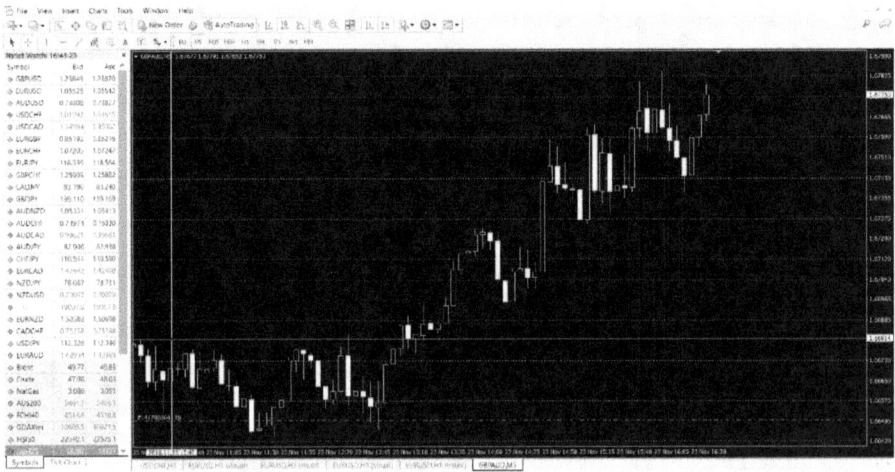

3-1 L'immagine sopra mostra MetaTrader.

MetaEditor

Dobbiamo lanciare il nostro MetaEditor, una piattaforma in cui crei i tuoi indicatori, algoritmi che sono expert advisor, o scrivi uno script tramite codifica. Puoi utilizzare MetaTrader per eseguire ciò che codifichi in MetaEditor.

Apri MetaTrader - vai al barra degli strumenti - clicca sul "libro giallo" - così aprirai MetaEditor

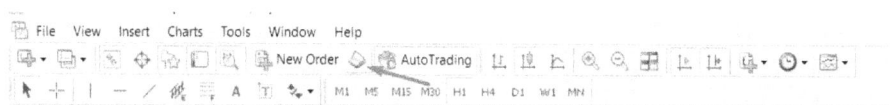

3-2 Sopra l'immagine della barra degli strumenti su Metatrader, clicca sul "libro giallo" che indica metaEditor.

Il tasto di scelta rapida è: *Alt + F4*

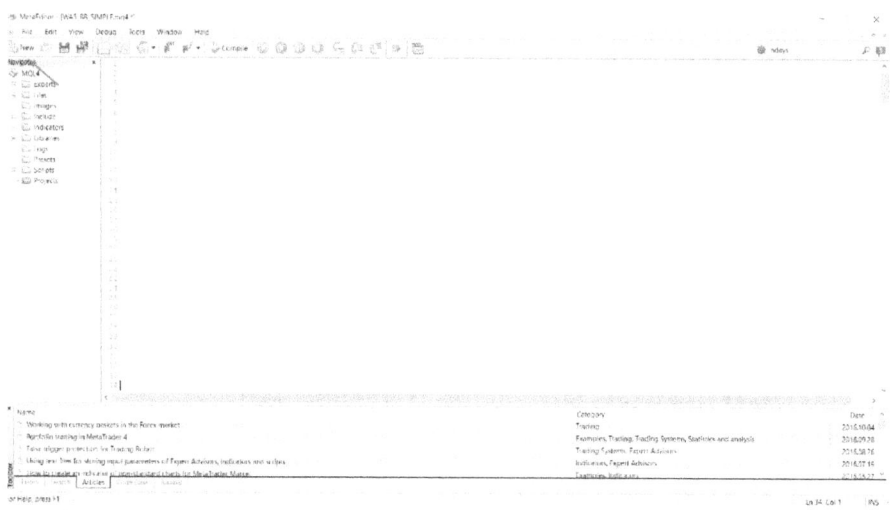

3-3 L'immagine mostra MetaEditor.

MetaEditor, come MetaTrader, ha una barra degli strumenti composta dai pulsanti che usi più di frequente.

Crea nuovo Expert Advisor/Algoritmo

Nella barra degli strumenti a sinistra è presente il pulsante *Nuovo*, clicca su di esso.

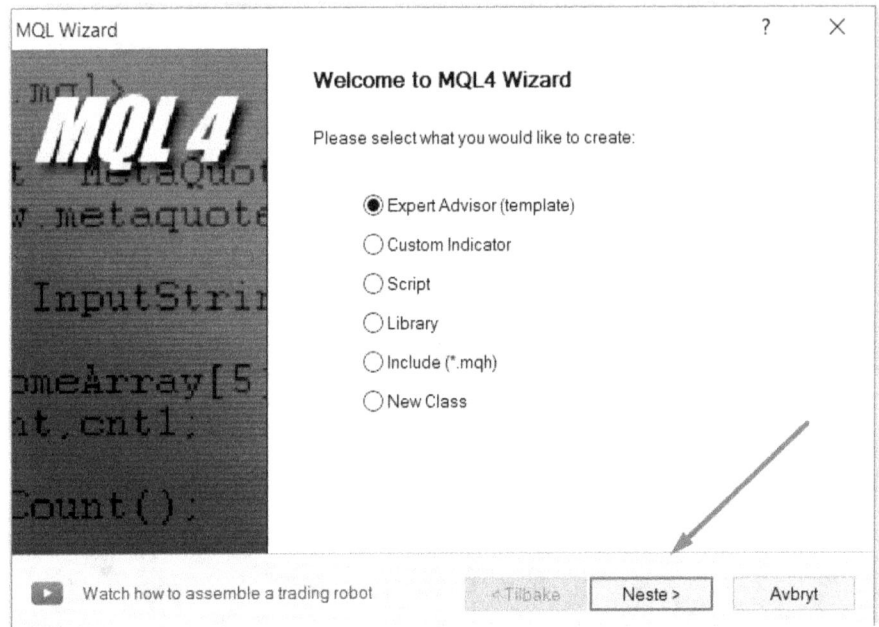

3-4 Questa casella apparirà quando cliccherai sul pulsante nuovo (næste=avanti sulle piattaforme italiane).

In questo editor hai a disposizione un'opzione per sviluppare diversi script eseguibili, ma quello che useremo noi è Expert Advisor, algoritmo di trading; quindi selezioniamo *Expert Advisor (template)* e premiamo *avanti*. A questo punto apparirà una procedura guidata in cui sarà necessario specificare le proprietà generali del proprio algoritmo.

Nome: scrivi il nome del tuo Algoritmo

Autore: il proprietario dell'algoritmo, scrivi qui il tuo nome

Link: se hai un sito web puoi incollare un link qui

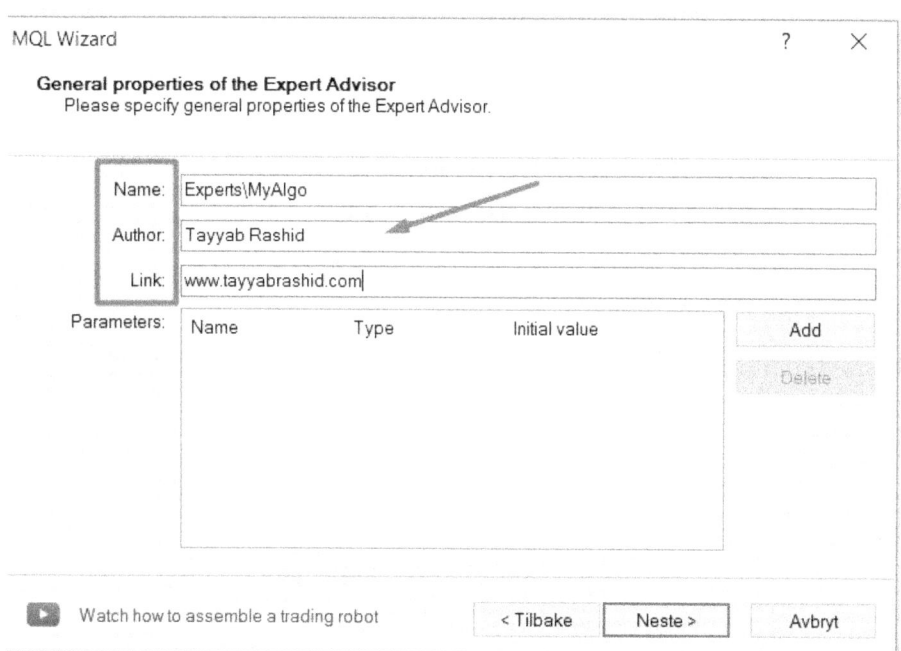

3-5 Procedura guidata per le proprietà generali.

Non devi far altro che compilare le proprietà generali, lasciare che tutto il resto rimanga così com'è e premere avanti.

| MQL Wizard | ? ✕ |

Event handlers of the Expert Advisor
Please select additional event handlers of the Expert Advisor.

☐ OnTrade
  The function is called when the Trade event occurs.

☐ OnTradeTransaction
  The function is called when the TradeTransaction event occurs.

☐ OnTimer
  The OnTimer function is called when the Timer event occurs.

☐ OnChartEvent
  OnChartEvent is the handler of a group of ChartEvent events.

☐ OnBookEvent
  BookEvent is generated for Expert Advisors only when Depth of Market changes.

▶ Watch how to assemble a trading robot   < Tilbake | Neste > | Avbryt

3-6 Nella finestra successiva spunta tutte le caselle e premi avanti.

```
MQL Wizard                                           ?    X

Tester event handlers of the Expert Advisor
Please select the Tester event handlers of the Expert Advisor.

    ☐ OnTester
       The OnTester function is called when the Tester event occurs.
       OnTesterInit
          The OnTesterInit function is called when the TesterInit event occurs.
       OnTesterPass
          The OnTesterPass function is the handler of the TesterPass event.
       OnTesterDeinit
          The OnTesterDeinit is the handler of the TesterDeinit event.


▶ Watch how to assemble a trading robot       < Tilbake    Fullfør    Avbryt
```

3-7 Anche nella finestra successiva spunta tutte le caselle e premi finito (fullfør=finito sulle piattaforme italiane)

Comprensione dello script

Dopo aver terminato la procedura guidata del *nuovo expert advisor*, avremmo dovuto creare uno sorta di scheletro del nostro primo script del nostro algoritmo. Useremo questa sezione per spiegare l'illustrazione 3-8, qui puoi vedere lo script. Iniziamo esaminando attentamente lo script in ogni suo punto. Poiché tutto ha un significato e una sua sensibilità, se scrivi qualcosa di sbagliato non potrai poi eseguirlo.

```
WA5_BB_SIMPLE.mq4 *  | MyAlgo.mq4 |                    | Compiles the currently open file, F7 |
 4 //                                                   www.tayyabrashid.com
 5 //+-------------------------------1---------------------------------+
 6 #property copyright "Tayyab Rashid"
 7 #property link      "www.tayyabrashid.com"
 8 #property version   "1.00"
 9 #property strict                        2
10 //+----------------------------------------------------------------+
11 //| Expert initialization function                                  |
12 //+----------------------------------------------------------------+
13 int OnInit()
14   {
15 //---
16      6                    3
17 //---
18    return(INIT_SUCCEEDED);
19   }
20 //+----------------------------------------------------------------+
21 //| Expert deinitialization function                                |
22 //+----------------------------------------------------------------+
23 void OnDeinit(const int reason)
24   {
25 //---
26                                         4
27   }
28 //+----------------------------------------------------------------+
29 //| Expert tick function                                            |
30 //+----------------------------------------------------------------+
31 void OnTick()
32   {
33 //---
34                         5
35   }
36 //+----------------------------------------------------------------+
37
```

3-8 Scheletro vuoto o template di un algoritmo (expert advisor).

L'intera sezione è chiamata script; *questo è lo scheletro dell'algoritmo.*

1. *MyAlgo,* il nome che hai scritto nella tua procedura guidata. Nell'editor ogni pannello equivarrà ad un algoritmo e ognuno avrà il proprio nome.

2. Questa sezione conterrà tutto ciò che hai scritto durante la procedura guidata, il tuo nome, il nome dell'autore e l'indicazione che questo script è di proprietà dell'autore.

3. Uno script è composto da diverse funzioni e tutte queste verranno eseguite quando avvii lo script su un conto live o nel tester di strategia. Crei funzioni e in queste codifichi ciò che vuoi fare, oltre a dare input. La funzione prende il tuo input, esegue le operazioni che hai codificato e quindi fornisce l'output relativo. Una funzione esegue tutte le operazioni presenti al suo interno. Come predefinito, tutti gli script sono dotati di <u>tre funzioni</u> e solo queste verranno utilizzate per richiamare tutte le altre (le funzioni possono richiamare altre funzioni). Puoi avere l'operazione inserita in una funzione che richiama un'altra funzione. Come puoi vedere, sul tuo script avrai tre funzioni. La prima si chiama *int OnInit()*, questa funzione verrà eseguita quando inizieremo ad utilizzare l'algoritmo, sia che lo posizioniamo sul grafico o che lo usiamo nel tester di strategia. Verrà richiamato solo una volta al momento dell'avvio. Questa è una funzione di inizializzazione esperta.

4. *Void OnDeinit()* è una funzione che verrà richiamata alla fine, nel momento in cui stacchiamo il nostro algoritmo dal grafico o fermiamo il tester di strategia. Questa è una funzione di deinizializzazione esperta.

5. L'ultima funzione da definire è la funzione tick. Questa funzione viene eseguita ad ogni tick, quindi ogni volta che un'operazione viene eseguita nel mercato. Quindi un tick rappresenta uno scambio.

6. Ogni riga ha il proprio numero nello script, quindi sarà facile controllare eventuali errori. È importante ricordare che durante la scrittura la precedenza va alla prima istruzione, poi la successiva e così via.

Pulsante compila

Il pulsante compila esegue il tuo script e verifica la presenza di errori, se questi sono presenti verrai avvisato e dovresti risolverli. Premi il pulsante compila per verificare la presenza di eventuali errori e controllare se il tuo algoritmo è funzionante. Premi sempre il pulsante compila mentre codifichi il tuo algoritmo per verificare la presenza di errori. Se controlli solo alla fine potrebbe essere difficile correggere molti errori contemporaneamente. Sotto lo script otterrai una nuova casella, che se non ci sono errori darà un output di 0 errori. Mostra anche quanto tempo è stato necessario per eseguire lo script, in questa casella viene mostrato che ci sono voluti 1407 millisecondi per eseguire uno script vuoto. Se stai facendo trading ad alta frequenza, è importante codificare in modo efficace per poter ridurre il tempo necessario ad eseguire lo script.

```
WAS_BB_SIMPLE.mq4 | MyAlgo.mq4
 4 //
 5 //
 6 #property copyright "Tayyab Rashid"
 7 #property link      "www.tayyabrashid.com"
 8 #property version   "1.00"
 9 #property strict
10 //+------------------------------------------------------------+
11 //| Expert initialization function                             |
12 //+------------------------------------------------------------+
13 int OnInit()
14   {
15 //---
16
17 //---
18    return(INIT_SUCCEEDED);
19   }
20 //+------------------------------------------------------------+
21 //| Expert deinitialization function                           |
22 //+------------------------------------------------------------+
23 void OnDeinit(const int reason)
24   {
25 //---
26
27   }
28 //+------------------------------------------------------------+
29 //| Expert tick function                                       |
30 //+------------------------------------------------------------+
31 void OnTick()
32   {
33 //---
34
35   }
36 //+------------------------------------------------------------+
```

Description
  'MyAlgo.mq4'
  0 error(s), 0 warning(s), compile time: 1407 msec

3-9 Se qualcosa non va con il tuo script, alla fine riceverai un messaggio di errore.

CHAPTER 4:
Introduzione ai Diagrammi di Flusso

Che cos'è un Diagramma di Flusso?

Quando stai codificando o programmando, stai scrivendo un programma composto da diverse funzioni e crei una logica in cui queste funzioni vengono eseguite una dopo l'altra. A volte, per comprendere la logica di uno script è meglio utilizzare i diagrammi di flusso, di cui parleremo nel resto del libro.

Una definizione comune di diagramma di flusso:

*Un **diagramma di flusso** è un tipo di <u>diagramma</u> che rappresenta un <u>algoritmo</u>, <u>un flusso di lavoro</u> o un processo, mostrando i passaggi come caselle di vario tipo e il loro ordine e collegandoli con frecce. Questa rappresentazione schematica illustra un modello di soluzione a un dato <u>problema</u>. I diagrammi di flusso vengono utilizzati per analizzare, progettare, documentare o gestire un processo o un programma in vari campi.*

Uno script può essere eseguito in tempo reale su una demo o su un conto live, poi è necessario collegare il proprio algoritmo ad un grafico o provarlo nel tester di strategia. Durante lo sviluppo di un algoritmo potresti voler utilizzare frequentemente il tester di strategia per appunto testare il tuo algoritmo, e poi avviarlo sul tuo conto. Qui noi utilizzeremo solo il tester di strategia per verificare il nostro script.

Elementi di un diagramma di flusso

Forma	Nome	Descrizione
⟶	Linea di flusso	Una freccia proveniente da un simbolo e che termina verso un altro simbolo rappresenta il controllo che passa al simbolo a cui punta la freccia. La linea prima della freccia può essere continua o tratteggiata. Il significato della freccia con linea tratteggiata può differire da un diagramma di flusso all'altro e può essere definito in una legenda
⬭	Terminal	Rappresentato con cerchi, ovali, <u>stadi</u> o rettangoli con angoli arrotondati (fillet). Di solito contengono la parola "Inizio" o "Fine", o un'altra frase che indichi appunto l'inizio o la fine di un processo, come "invia richiesta" o "ricevi prodotto".
▭	Processo	Rappresentato come <u>rettangoli</u>. Questa forma viene utilizzata per mostrare

		che qualcosa viene eseguito. Esempi: "Aggiungi 1 a X", "sostituisci parte identificata", "salva modifiche", ecc...
◇	Decisione	Rappresentato come un diamante (<u>rombo</u>) che mostra dove è necessaria una decisione, di solito una domanda Sì/No o un test Vero/Falso. Il simbolo condizionale è peculiare in quanto ha due frecce che partono da esso, solitamente dal lato in basso e dal lato destro, una corrispondente a Sì o Vero e l'altra a No o Falso. (Le frecce dovrebbero essere sempre etichettate.) Possono essere usate più di due frecce, ma questo è normalmente un chiaro indicatore che si sta prendendo una decisione complessa, nel qual caso potrebbe essere necessario suddividerla ulteriormente o

		sostituirla con il simbolo del "processo predefinito". La decisione può essere d'aiuto anche nel filtrare i dati.
▱	Input/Output	Rappresentato con un <u>parallelogramma</u>. Implica la ricezione dei dati e la visualizzazione della loro elaborazione. Può passare solo da input ad output e non viceversa. Esempi: ottieni X dall'utente; mostra X.
⫿▭⫿	Predefinito	Rappresentato con rettangoli con bordi verticali doppi; vengono utilizzati per mostrare fasi di elaborazione complesse che possono essere dettagliate in un diagramma di flusso separato. Esempio: file di processo. Una subroutine può avere più punti di ingresso o flussi di uscita distinti (vedi <u>coroutine</u>). Se è così, questi vengono mostrati come "pozzi"

			etichettati all'interno del rettangolo, dove le frecce di controllo si collegano a questi "pozzi".
(esagono)		Preparazione	Rappresentato come un <u>esagono</u>. Conosciuto anche come inizializzazione. Mostra le operazioni che non hanno altro effetto che preparare un valore per un successivo passaggio condizionale o decisionale. In alternativa, questa forma viene utilizzata per sostituire la Forma Decisionale in caso di ciclo condizionale.
(cerchio)		On-page connecter	Rappresentato generalmente con un cerchio che mostra dove più flussi di controllo convergono in un unico flusso di uscita. Presenta più di una freccia in entrata, ma solo una in uscita. In casi più semplici ci può essere solo una freccia che punta verso un'altra. Utile per rappresentare un processo

			iterativo (quello che in informatica viene chiamato ciclo). Un ciclo può, ad esempio, consistere in un connettore in cui entra prima il controllo, elaborando le fasi, un condizionale con una freccia che esce dal ciclo e uno che poi torna al connettore. Per maggiore chiarezza, ovunque due linee si incrocino accidentalmente all'interno del disegno, una di esse può essere disegnata con un piccolo semicerchio sull'altra, per evidenziare che non è prevista alcuna connessione.

4-1 *Spiegazione degli elementi in un diagramma di flusso.*

Diagramma di flusso di un modello di algoritmo semplice

Iniziamo con un diagramma di flusso relativo al modello che abbiamo creato nell'ultimo capitolo con funzioni predefinite e vediamo come funzionano il tutto.

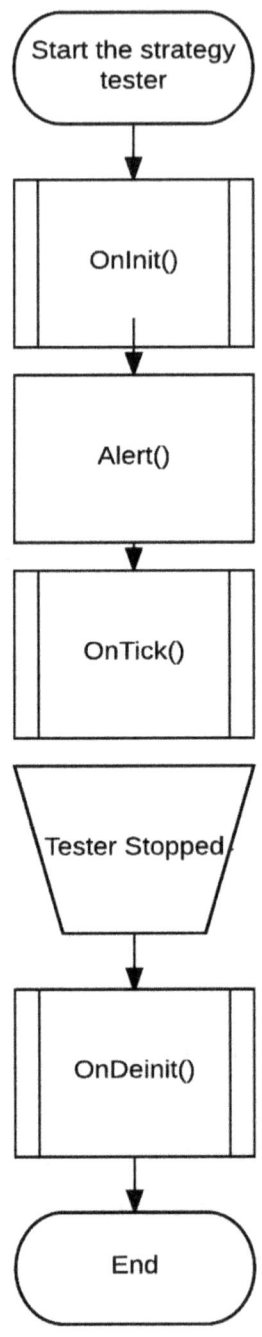

4-2 Diagramma di flusso del modello di algoritmo semplice dell'ultimo capitolo.

Spiegazione del Diagramma di flusso nell'illustrazione 4-2

1. Inizia cliccando sul tester di strategia tramite il pulsante presente sulla tua piattaforma.

2. A questo punto verrà eseguito, una sola volta, tutto ciò che è stato dichiarato nella funzione OnInit().

3. Al termine della funzione di inizializzazione questa viene completata anche con tutto ciò che è contenuto nella funzione OnInit(). Nel momento in cui avviene un nuovo scambio in quello strumento viene richiamata la funzione OnTick(), eseguita ogni volta che si verifica un nuovo tick. Continuerà a eseguire questa funzione fino a quando il tester di strategia non sarà terminato (manualmente o se ha superato tutti i periodi di esempio).

4. È possibile interrompere manualmente il tester di strategia premendo il pulsante *stop*, oppure avviene automaticamente al termine dell'esecuzione per il periodo di tempo. Tieni a mente la forma dell'oggetto del diagramma di flusso, questa è la forma delle operazioni manuali. Quindi, quando si verifica questo evento verrà interrotta l'esecuzione dello script e verrà eseguita l'operazione successiva.

5. Una volta fermato il tester di strategia, verrà eseguito tutto ciò che presente nella funzione OnDeinit(). Abbiamo raggiunto la fine dell'algoritmo e il nostro script è terminato.

Ora dovresti comprendere il flusso delle funzioni predefinite nel nostro scheletro. Inizia dalla parte iniziale del diagramma di flusso ed esegue tutto. Dopo aver terminato l'esecuzione di tutto in una funzione, passa il controllo all'operazione successiva nel nostro diagramma di flusso.

Esercizio

Prova ad eliminare OnDeinit() dallo script e poi effettua la compilazione. Ha qualche impatto sull'errore? Hai riscontrato errori da includere in quella funzione?

CHAPTER 5:
Introduzione alle Funzioni

Cos'è una funzione?

La programmazione riguarda la progettazione di diverse funzioni; nella funzione è presente un input che vuoi che faccia un qualcosa. Puoi ottenere un risultato della funzione o semplicemente usarla per fare qualcosa come piazzare un'operazione di trading.

Una funzione di output è simile a questa:

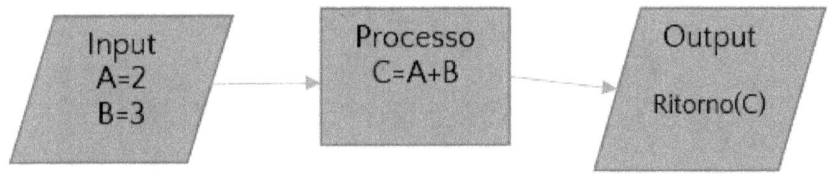

5-1 Illustrazione di una funzione con un output.

Hai variabili di input e puoi assegnare loro un valore. Nel processo, aggiungi entrambi i valori di input e ottieni una nuova variabile C che contiene il valore aggiunto e rappresenta l'output di tale funzione. Quando esegui questa funzione ti verrà restituita la variabile C, che in questo caso contiene il valore 5.

La funzione non-output è simile a questa:

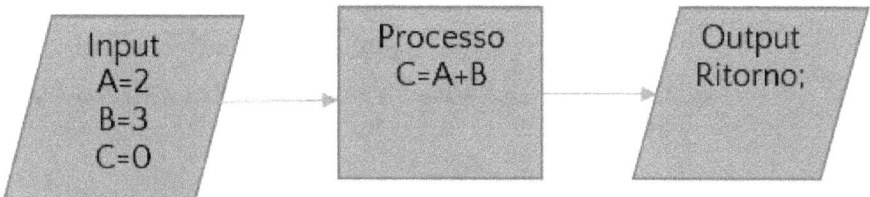

5-2 Illustrazione di una funzione di non-output.

Questo è l'altro tipo di funzione i cui sono presenti tre variabili come input A, B e C. Queste hanno i valori 2,3 e 0. Anche in questo caso abbiamo un processo che aggiunge A+B e assegna un valore aggiunto alla variabile C. Al termine del processo, C manterrà il valore di 5 (A+B = 2+3) e la funzione non restituirà nulla, entrambe sono chiamate funzioni. Ci sarà solo un nuovo valore alla nostra variabile C e non verrà restituito altro.

Definizione delle variabili di input

Nella funzione è possibile usare parole e numeri. Devi sempre iniziare con la definizione del tipo di variabile, assegnarle un nome e il valore che vuoi utilizzare nella tua funzione.

Ipotizziamo che tu voglia creare una funzione che somma 2+3 e che tu ottenga una risposta. Se scriviamo solo 2+3= non è corretto, riceverai un messaggio di errore e non verrà eseguita.

Inizia definendo le variabili di input. I numeri interi come 2 e 3 sono un tipo di variabile *integer(int)* .

Scrivi le variabili di input in questo modo:

```
int A= ;
int B= ;
int C= ;
```

5-3

Tutte e tre sono variabili di tipo intero, quindi iniziano con *int*, uno spazio e poi dovremo scrivere la nostra variabile. Vogliamo dare un nome a quel valore, e il nostro valore 2 si chiama A. Quindi se nel processo vuoi usare il numero 2 lo dovrai usare scrivendo nomi di variabili come C=A+B.

Dovresti anche considerare il punto e virgola alla fine di ogni variabile. L'assegnazione di un valore a ciascuna delle variabili è un'operazione separata e ogni operazione termina con un punto e virgola. Sopra abbiamo tre operazioni, quando il programma legge il nostro script dopo il punto e virgola sa che un'operazione è terminata. Assegna il suo valore e passa all'operazione successiva, assegnando un valore alla variabile successiva. *Useremo un punto e virgola ogni volta che un'operazione è terminata.* È come un punto in una frase.

Diversi tipi di variabili in Mql4

Integer: questa variabile identifica un numero intero come 1,2,3,4
Esempio:

```
int ShortMA= ;
int LongMA= ;
```

5-4

Abbiamo dichiarato variabili che possono essere variabili di input per diversi periodi di media mobile, in una funzione di media mobile. Tieni di nuovo presente che c'è un punto e virgola.

Double: questa è una variabile che rappresenta un numero con un decimale 1.02, 0.02, ecc

Esempio:

```
double Stoploss= ;
```

5-5

String: è un tipo di testo e deve essere sempre scritto tra virgolette come ad esempio "Hedge", "Martigale" o "EURUSD"

Esempio:

```
string word="helloword";
```

5-6

Bool: si tratta di una variabile che può avere valore TRUE o FALSE, è di tipo Booleano

Esempio:

```
bool yes=TRUE;
```

5-7

Esercizio:

Definisci la tipologia di variabile:

John, 1.2, 50, 100, e il Tuo Sistema di Trading

Vari tipi di una Funzione

Le funzioni sono di vari tipi che vengono decisi dal risultato che vuoi che ti portino. Possiamo iniziare dividendo le funzioni in due gruppi principali in base al fatto che forniscano o meno un output.

<u>Tipo di funzioni di output</u>

Integer: come la variabile di input, da utilizzare se stai creando una funzione in cui l'output è un numero intero.

Double: come la doppia variabile di input, ne hai bisogno se il tuo output ha dei decimali.

String: come la variabile di string input, da usare se l'output è di tipo testo.

Booleana: come la variabile di input booleana, se il tuo output deve dichiarare vero o vero il suo tipo è booleano.

Quello che hanno in comune è che restituiscono un qualcosa.

<u>Tipo di funzione non-output</u>

Ne esiste solo un tipo e si chiama **void**. Questa funzione esegue solo ciò che è presente in essa ma non fornisce output, quindi non restituisce nulla. Viene utilizzata per lo più per calcolare un'altra variabile che è stata definita ma a cui non abbiamo ancora assegnato un valore, o per eseguire un'altra funzione.

Oggetti di una funzione

```
functiontype FunctionName()
{

return;
}
```

5-9

La Figura 5-9 mostra gli oggetti di una funzione.

Functiontype: che può essere int, double, string o bool se è una funzione di output, o void se è una funzione non output.

FunctionName: qui scriverai il nome della tua funzione seguito da una parentesi aperta e chiusa (). Tieni presente anche che abbiamo finito una riga ma questa volta non con il punto e virgola, questo perché non abbiamo ancora terminato con questo processo. Come una sola riga, questo tipo di funzione e il suo nome non hanno senso.

Parentesi Aperte e Chiuse: Tutta la funzione deve essere inserita sulla riga dopo aver definito il tipo e dato il nome che termina con le parentesi. La riga successiva dovrebbe avere una parentesi aperta { che segnala l'inizio della funzione. Tutto ciò che scrivi dopo la parentesi verrà eseguito quando richiami quella funzione. Chiudiamo la funzione con una parentesi chiusa } per definire la fine della funzione, ma prima della fine dobbiamo scrivere *return*; se invece è una funzione void digita e *return (cosa vogliamo restituire)* dato che è una funzione di output.

Attività 1: crea una funzione in cui sono presenti tre variabili di input A, B e C.

A=3

B=4

C=0

Quando la funzione aggiungerà A+B e assegnerà il valore a C, allora C dovrebbe essere la variabile di input e dovrai nominarla in MyFunction

```
int MyFunction()
{
    int A= ;
    int B= ;
    int C= ;

    C=A+B;
    return(C);

}
```

5-10

Sopra puoi vedere una funzione di output, dato che abbiamo un tipo di output integer, quindi un numero intero, il tipo di funzione è int. Quindi la nominiamo in MyFunction() e inseriamo una parentesi aperta. A questo punto definiamo tutte le variabili che utilizzeremo, sono di tipo integer e le terminiamo con punto e virgola. Dopo aver dato a C il valore aggiunto, restituiamo C, il che significa che ogni volta dovremo richiamare la funzione scrivendo: MyFunction(); questa è uguale al valore 7 e quindi al valore restituito.

Attività 2:

Crea una funzione in cui hai tre variabili di input A, B e C.

A=3

B=4

C=0

La funzione aggiungerà A + B e assegnerà il valore a C, quindi utilizza la funzione Print per Stampare C e richiamarla in MyFunction.

```
void MyFunction()
{
    int A= ;
    int B= ;
    int C= ;

    C=A+B;
    Print(C);
}
```

5-11

In questa funzione abbiamo la stessa operazione ma con la differenza del tipo, lo scopo della funzione, che non restituirà nulla. Stamperà solo il valore della C nel Terminal Journal. Quando richiami MyFunction(); non restituirà nulla.

Alert "Hello World"

Giochiamo un po' in modo da capire come si avviano le funzioni e come eseguire il nostro algoritmo per la prima volta. Scriviamo un'operazione.

Alert("Hello World");

Alert() è una funzione in metatrader.

"Hello Word" è la frase che vogliamo visualizzare, la frase deve essere scritta con le virgolette. Al termine dell'operazione indichiamo che questa operazione è terminata e chiudiamo l'istruzione con il punto e virgola ";". Vediamo il file di aiuto per quella funzione. *Evidenzia "Alert" e premi F1*

Alert

Displays a message in a separate window.

```
void  Alert(
   argument,        // first value
   ...              // other values
   );
```

Questa funzione visualizza il messaggio in una finestra separata.

Quindi scriviamo questa funzione come prima nella funzione OnInit() e premiamo compila. In questo modo:

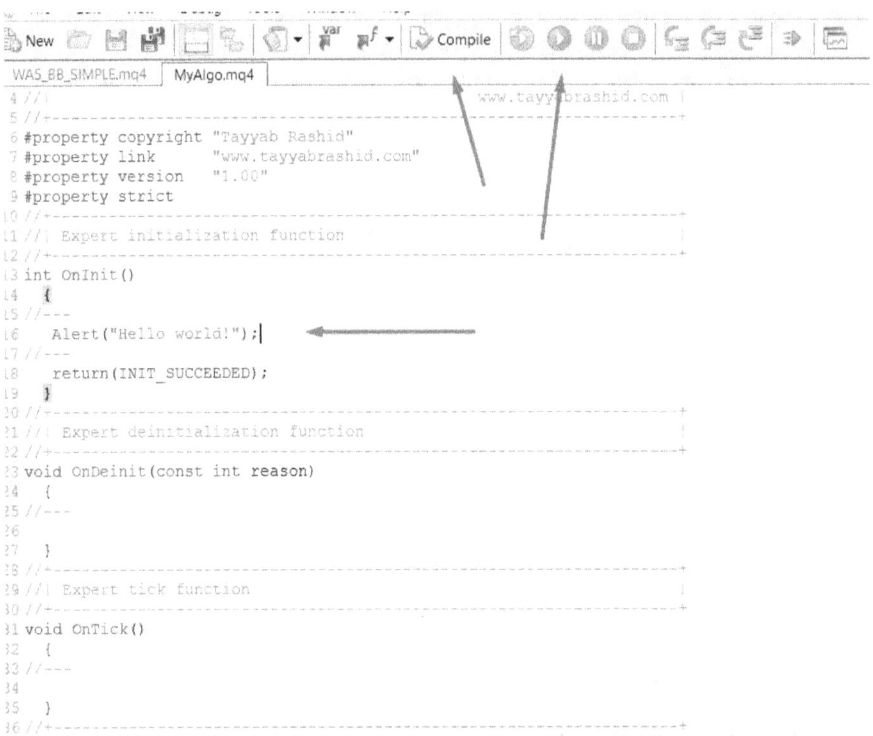

```
WAS_BB_SIMPLE.mq4  | MyAlgo.mq4
 4 //
 5 //+----------------------------------------------------------------+
 6 #property copyright "Tayyab Rashid"
 7 #property link      "www.tayyabrashid.com"
 8 #property version   "1.00"
 9 #property strict
10 //+----------------------------------------------------------------+
11 //| Expert initialization function                                 |
12 //+----------------------------------------------------------------+
13 int OnInit()
14   {
15 //---
16    Alert("Hello world!");
17 //---
18    return(INIT_SUCCEEDED);
19   }
20 //+----------------------------------------------------------------+
21 //| Expert deinitialization function                               |
22 //+----------------------------------------------------------------+
23 void OnDeinit(const int reason)
24   {
25 //---
26
27   }
28 //+----------------------------------------------------------------+
29 //| Expert tick function                                           |
30 //+----------------------------------------------------------------+
31 void OnTick()
32   {
33 //---
34
35   }
36 //+----------------------------------------------------------------+
```

Dopo aver premuto compila non otteniamo errori. Quindi andiamo al nostro Metatrader e proviamo ad avviare lo script.

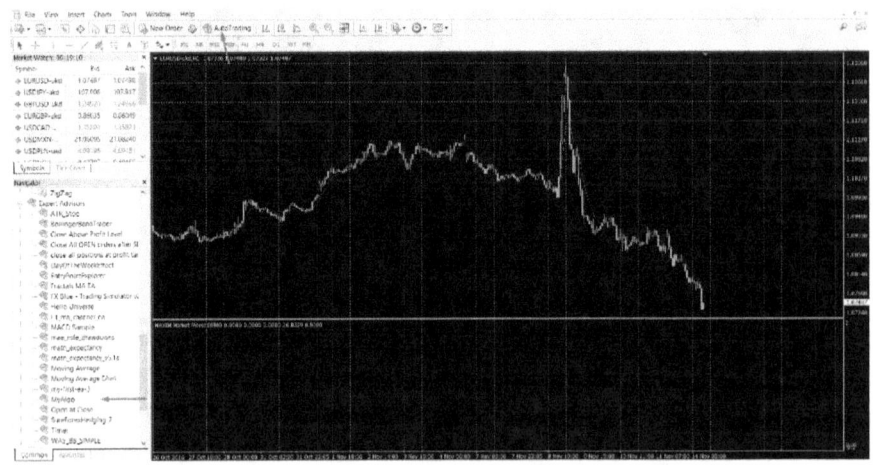

5-12 Vai al terminal, abilita AutoTrading e trascina e rilascia MyAlgo sul tuo grafico.

Dobbiamo prima abilitare il trading automatico e poi andare nella finestra del nostro navigatore a sinistra, infine trascinare "MyAlgo" e rilasciarlo sul grafico.

Apparirà la finestra successiva, clicca su "OK".

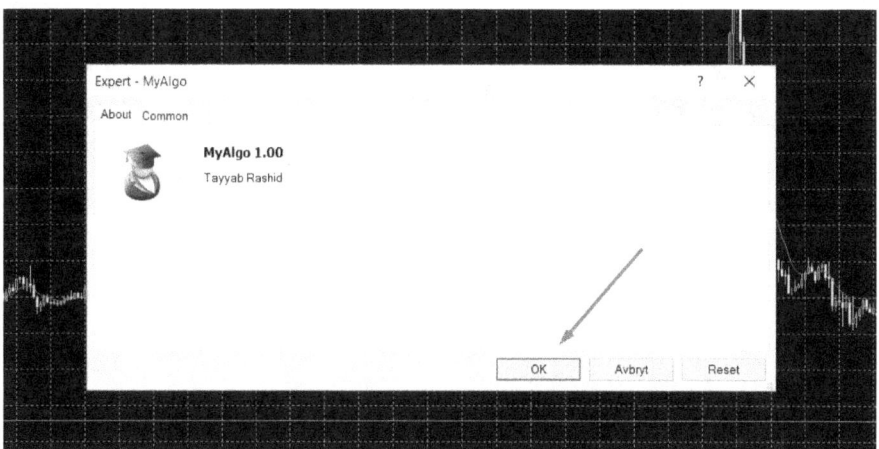

5-12 Basta cliccare su OK.

Ora l'algoritmo è in esecuzione su questo grafico e su questo lasso di tempo. Subito dopo riceverai l'Alert, questo perché avevamo la funzione Alert() all'interno della funzione Initialization(OnInit()) e viene eseguita una volta all'inizio del tuo algoritmo.

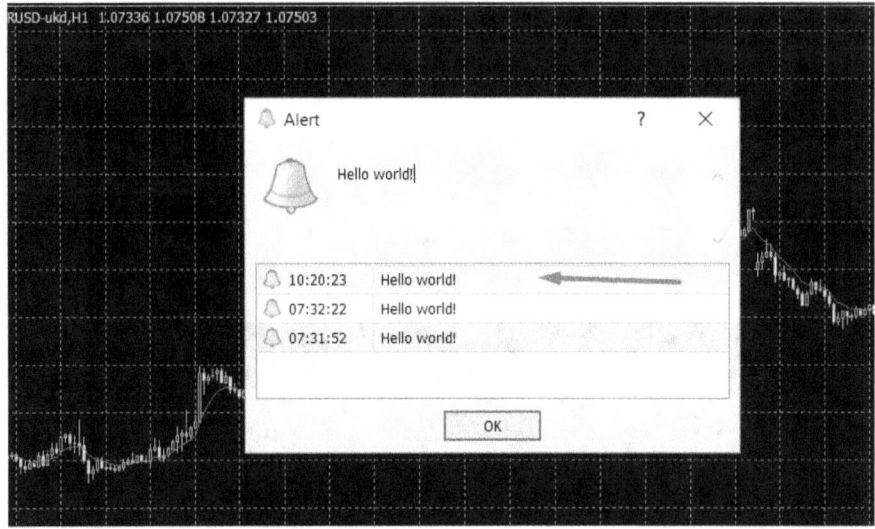

5-13 Ecco come verrà visualizzato l'Alert sul tuo terminal.

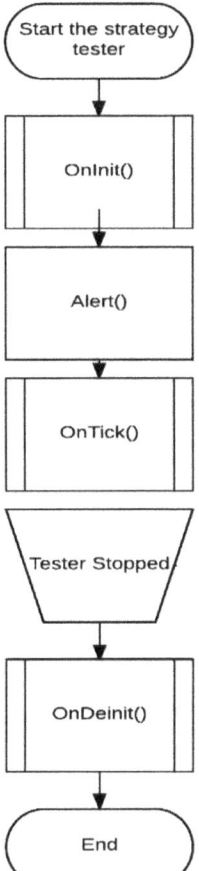

5-14 Diagramma di flusso quando abbiamo la funzione Alert() in OnInit()

Puoi vedere come procedono i flussi dopo l'avvio, e come richiamano la funzione OnInit() che richiama a sua volta la funzione Alert(). Dopo aver eseguito la funzione Alert(), passa il controllo alla funzione Ontick().

Facciamo qualche prova, ora mettiamo la funzione Alert() nella funzione Deinitialization, quindi compiliamo e rilasciamo di nuovo sul grafico.

Per prima cosa dobbiamo rimuovere l'Algoritmo dal grafico. Clicca con il tasto destro sul grafico e apri il menu a discesa. Clicca su Expert Advisor - Rimuovi

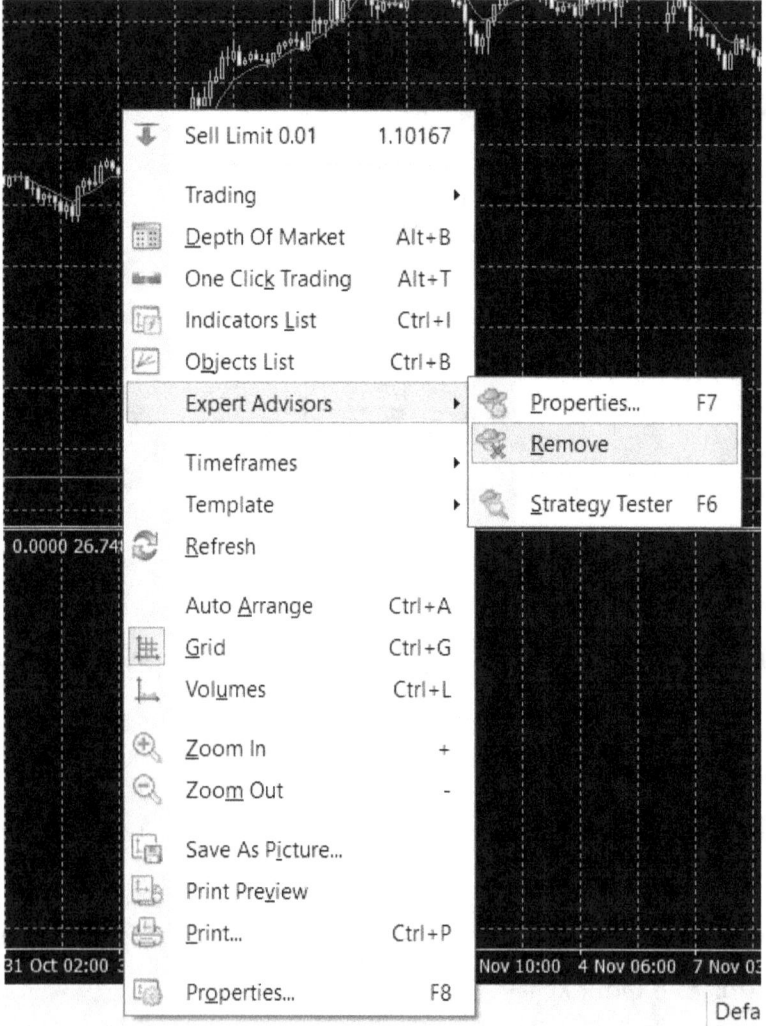

5-15 Come rimuovere il tuo algoritmo dal grafico o fermarlo.

```
    WA5_BB_SIMPLE.mq4    MyAlgo.mq4
 4 //|                                              www.tayyabrashid.com |
 5 //+------------------------------------------------------------------+
 6 #property copyright "Tayyab Rashid"
 7 #property link      "www.tayyabrashid.com"
 8 #property version   "1.00"
 9 #property strict
10 //+------------------------------------------------------------------+
11 //| Expert initialization function                                   |
12 //+------------------------------------------------------------------+
13 int OnInit()  ←
14   {
15 //---
16
17 //---
18    return(INIT_SUCCEEDED);
19   }
20 //+------------------------------------------------------------------+
21 //| Expert deinitialization function                                 |
22 //+------------------------------------------------------------------+
23 void OnDeinit(const int reason)  ←
24   {
25 //---
26    Alert("Hello world!");
27   }
28 //+------------------------------------------------------------------+
29 //| Expert tick function                                             |
30 //+------------------------------------------------------------------+
31 void OnTick()
32   {
33 //---
34
35   }
36 //+------------------------------------------------------------------+
```

5-16 Se mettiamo la funzione Alert() nella funzione OnDeinit()

Qui abbiamo spostato la nostra funzione da OnInit() a OnDeinit(). Ancora una volta trasciniamo e rilasciamo, non accadrà nulla ma se provi a rimuovere il tuo algoritmo dal grafico verrà visualizzato l'Alert. Questo perché tutte le funzioni in OnDeinit eseguiranno la funzione nel momento in cui fermiamo il nostro algoritmo. Vedi il diagramma 5-17.

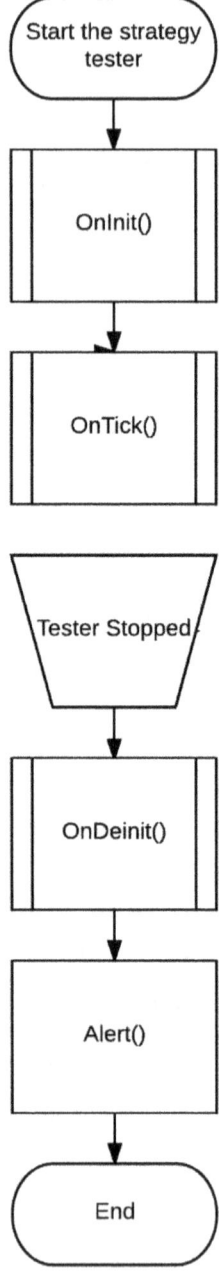

5-17 Diagramma di flusso se metti la funzione Alert() nella funzione OnDeinit().

Mettiamo la nostra funzione Alert nella funzione OnTick(), questa eseguirà la funzione ad ogni tick. Riceverai messaggi per tutto il tempo, fino a quando non interrompi il tester o rimuovi l'algoritmo dal grafico.

```mq4
  WA5_BB_SIMPLE.mq4 | MyAlgo.mq4
 7 #property link      "www.tayyabrashid.com"
 8 #property version   "1.00"
 9 #property strict
10 //+------------------------------------------------------------------
11 //| Expert initialization function
12 //+------------------------------------------------------------------
13 int OnInit()
14   {
15 //---
16
17 //---
18    return(INIT_SUCCEEDED);
19   }
20 //+------------------------------------------------------------------
21 //| Expert deinitialization function
22 //+------------------------------------------------------------------
23 void OnDeinit(const int reason)
24   {
25 //---
26
27   }
28 //+------------------------------------------------------------------
29 //| Expert tick function
30 //+------------------------------------------------------------------
31 void OnTick()
32   {
33 //---
34       Alert("Hello world!");
35   }
```

5-20 Ecco come inseriremo la funzione Alert() nella funzione OnTick(). Richiamiamo una funzione nominando la funzione con le parentesi, inserendo un input e terminando con punto e virgola.

Ogni volta che si verifica una nuova operazione, la funzione tick richiamerà la funzione Alert() proprio su ogni tick.

Dopo aver compilato il tuo algoritmo, trascinalo nel navigatore e rilascialo nuovamente sul grafico. Ora vedrai che la funzione di Alert verrà richiamata di frequente e ad ogni tick sullo schermo.

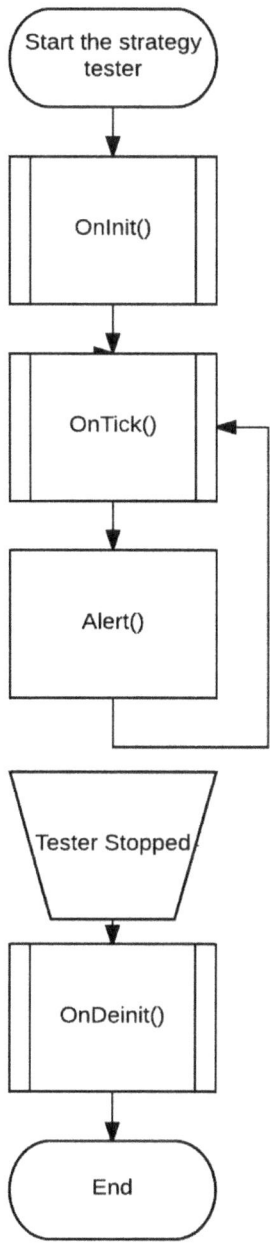

5-19 Diagramma di flusso quando si inserisce la funzione Alert() nella funzione OnTick().

Cosa dovresti sapere ora.

- Come iniziare a scrivere uno script – Nuovo Algoritmo
- Funzioni OnInit(), OnDeinit() e Ontick()
- Come compilare il tuo Algoritmo
- Come eseguire il tuo Algoritmo
- Come fermare il tuo Algoritmo attivo
- Come visualizzare un Alert

Dichiarare diverse variabili di input

Ci sono due posizioni. Una è chiamata area globale, le variabili qui dichiarate possono essere utilizzate in qualsiasi altra funzione, oltre al fatto che questa area è sopra tutte le altre e anche sopra la funzione OnInit().

5-20 Come dichiarare le variabili di input nell'area globale.

1. Per dichiarare una variabile intera usiamo *int*, è importante notare che questo linguaggio di programmazione fa distinzione tra maiuscole e minuscole, quindi se scrivi *INT* o *Int* riceverai un messaggio di errore. Potrai anche notare che quando scriviamo int nel modo corretto la parola appare in blu, mentre se scriviamo Int apparirà di colore nero; questo significa che non è corretta. Successivamente, cosa importante, puoi vedere come nella riga 13 non abbiamo un punto e virgola dopo l'istruzione, questo significa che l'istruzione non è stata chiusa e quindi si tratta di un altro errore.

Da qui derivano quattro conclusioni:

1. int= questo è un tipo di variabile intero
2. Il nome della variabile è *ShortMA*
3. Il valore assegnato a questa variabile è 20
4. Chiudiamo ogni istruzione stand alone con un punto e virgola;

2. Usiamo *double* per indicare di quale tipo di variabile si tratta, questa è una variabile con un valore numerico che include i decimali e le assegniamo un valore.

3. Usiamo *string* per dire di che tipo di variabile si tratta, il nome della variabile è una *parola* e poi assegniamo "HelloWorld" come valore, *ricordiamo* le virgolette e aggiungiamo e chiudiamo questa operazione o istruzione con un punto e virgola.

4. Tutte queste variabili sono dichiarate prima di tutte le altre funzioni, questa è la chiave per poi usarle in tutte le restanti funzioni sottostanti. Questo programma esegue l'algoritmo a partire dalla prima istruzione e poi passa a quella successiva. Quindi, se hai una funzione sulla riga 5 ma la variabile utilizzata nella funzione è sulla riga 15, questa funzione non avrà una variabile da usare perché non dichiarata. *Tutte queste variabili vengono dichiarate al di fuori di qualsiasi funzione, questo significa che tutte possono essere utilizzate in qualsiasi funzione sottostante;*

ma se dichiariamo una variabile all'interno di una funzione allora possiamo utilizzare solo quella variabile in quella particolare funzione.

Infine, nell'immagine sopra puoi vedere che l'ultima variabile riporta la scritta *extern*. Questo perché ora possiamo cambiare la variabile se stiamo testando la strategia (eseguendo questo algoritmo) e quindi ottimizzarla.

Nello script sopra, se elimini le righe 13 e 17 e poi compili non otterrai errori e potrai eseguire lo script. Quindi trascina e rilascia questo algoritmo su qualsiasi grafico e otterrai una casella, clicca sul pannello detto *input* e vedrai che solo la variabile che ha prima la parola *extern* prima potrà essere modificata. Quindi, se utilizzi una variabile che vuoi modificare non devi far altro che scrivere *extern* prima di essa.

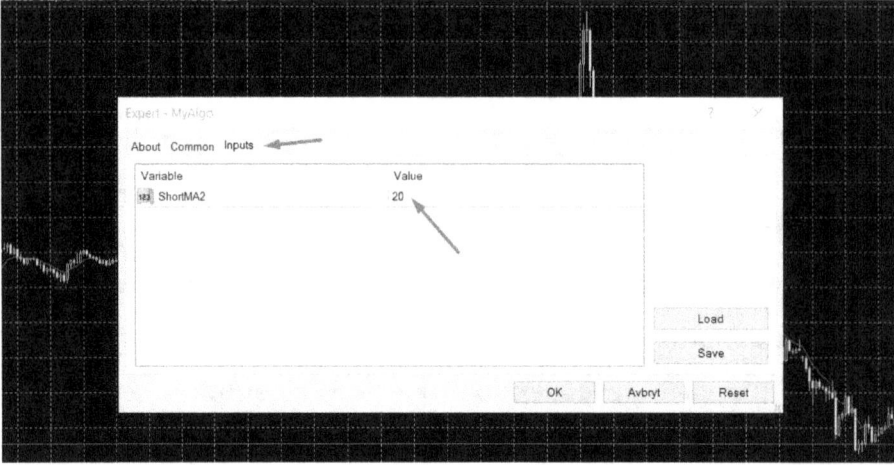

5-21 Casella di input quando si utilizzano variabili extern.

La Figura 5-21 illustra come utilizziamo le variabili locali, queste vengono dichiarate all'interno della funzione e possono essere utilizzate solo da essa.

```
void MyFunction()
{
    int A= ;
    int B= ;
    int C= ;

    C=A+B;
    Print(C);
}
```

5-21 Mostra come appaiono le variabili di input nell'area locale.

Usiamo la *variabile globale* quando vogliamo cambiare la variabile di input in un secondo momento, quando stiamo eseguendo la strategia o la dobbiamo ottimizzare. Si può utilizzare nell'area globale quando ci sono più funzioni che utilizzano la stessa variabile di input. Magari hai progettato una funzione in cui assegni un valore ad una variabile usando la funzione uno, e così una variabile con un valore assegnato dalla funzione uno viene utilizzata dalla funzione due.

Cosa dovresti sapere dopo questa sessione:
- I diversi tipi di variabili utilizzate: string, integer e double
- Come dichiarare una variabile
- Come terminare un'istruzione o un'operazione
- Che questo linguaggio di programmazione fa distinzione tra maiuscole e minuscole e quindi è necessario scrivere la lettera giusta
- Dove devono essere dichiarate le variabili nello script
- Come dichiarare le variabili modificabili

CHAPTER 6:
Funzione NewOrder()

Descrizione della funzione

Ora creeremo una funzione chiamata NewOrder(), questa sarà una funzione di tipo void e non restituirà nulla. Ricorda che *void* dobbiamo scriverlo in minuscolo.

Creare la funzione

```
void NewOrder()
{
return;
}
```

6-1 Iniziamo scrivendo void, nome della funzione, parentesi di apertura e chiusura.

Questo è l'inizio della scrittura della funzione, non abbiamo ancora scritto nulla ma è solo uno scheletro vuoto. È l'apertura e la chiusura della funzione. Il *tipo è void perché questa funzione non restituirà nulla*, il nome è NewOrder seguito dall'apertura e dalla chiusura delle parentesi. Nella riga successiva abbiamo una parentesi aperta e quindi scriviamo *return*; prima della parentesi chiusa della funzione.

```
   WA5_BB_SIMPLE.mq4    MyAlgo.mq4 *
12 //| Expert initialization function
13 //+------------------------------------------------------------+
14 int OnInit()
15   {
16 //---
17
18 //---
19    return(INIT_SUCCEEDED);
20   }
21 //+------------------------------------------------------------+
22 //| Expert deinitialization function
23 //+------------------------------------------------------------+
24 void OnDeinit(const int reason)
25   {
26 //---
27
28   }
29 //+------------------------------------------------------------+
30 //| Expert tick function
31 //+------------------------------------------------------------+
32 void OnTick()
33   {
34 //---
35
36   }
37 //+------------------------------------------------------------+
38 //+------------------------------------------------------------+
39 //|Our own New order send function
40 //+------------------------------------------------------------+
41 void NewOrder()
42 {
43 return;
44 }
```

6-3 La nuova funzione è dopo tutte le altre funzioni, quelle predefinite.

È importante ricordare che tutte le funzioni che creiamo verranno scritte sotto le funzioni predefinite nello script.

Ora creeremo una funzione con le seguenti variabili di input nell'area globale:

extern double TakeProfit=0.0050

extern double StopLoss=0.0025

extern double LotSize=0.01

Tutte iniziano con extern, il che significa che possono essere modificate nel momento in cui eseguiamo questa strategia o nel tester di strategia.

OrderSend()

Si tratta di un tipo di funzione intero. Questa restituisce un valore 1 se l'ordine di mercato è stato aperto, e un valore negativo se l'ordine di mercato non è stato aperto con successo.

int Result=OrderSend(); *Abbiamo una variabile di memorizzazione chiamata Result che memorizzerà il valore restituito dalla funzione.*

La funzione OrderSend() prevede alcune variabili di input separate da virgole.
1. Symbol: viene scritto come Symbol() perché la funzione restituirà il simbolo del grafico su cui è in esecuzione l'algoritmo

2. Tipo di ordine: ci sono 6 tipi differenti
    a. OP_BUY=Ordine Market Buy
    b. OP_SELL=Ordine Market Sell
    c. OP_BUYLIMIT=Ordine Buy Limit
    d. OP_BUYSTOP = Ordine Buy Stop
    e. OP_SELLLIMIT=Ordine Sell Limit
    f. OP_SELLSTOP=Ordine Sell Stop

3. Amount o lotsize: possiamo scrivere lotsize direttamente qui o avere una variabile a cui assegnare un importo lotsize e scriverlo.

4. Il prezzo può essere sia ask che bid. Dato che vogliamo acquistare, utilizziamo il prezzo richiesto corrente. Se vogliamo comprare non avremo mai il nostro ordine evaso al prezzo di offerta. Prova ad utilizzare l'offerta e se acquisti non otterrai l'esecuzione di alcuna operazione.

5. Slippage: quanto slippage consentiamo, ovvero quale può essere la differenza tra il prezzo che vediamo come offerta e il prezzo effettivo che otteniamo per il nostro ordine. Lo imposteremo a 3 pips.

6. Stoploss: se lo impostiamo a 0 non avremo alcuno stop loss. Possiamo scrivere un valore direttamente in questo campo o assegnare un valore ad una variabile e scriverla. Abbiamo già assegnato un valore alla nostra variabile StopLoss, quindi useremo quello. Poiché si tratta di un ordine di acquisto dobbiamo sottrarre lo stoploss dal prezzo richiesto, e quel livello di prezzo sarà il nostro stop loss.

7. Come Stoploss, utilizzeremo una variabile Takeprofit. Ma con gli ordini di acquisto dobbiamo aggiungere takeprofit al prezzo ask per ottenere il nostro livello di take profit.

8. Commento: se vogliamo che venga visualizzato un commento lo scriviamo come una stringa tra virgolette oppure inseriamo NULL se non vogliamo alcun commento. Qui abbiamo usato proprio NULL.

9. Numero magico: usiamo 1234. Non si tratta di niente di speciale, ma potresti avere un numero magico diverso se stai eseguendo algoritmi differenti sulla stessa coppia.

10. Questa variabile è l'ora di scadenza, quando vuoi che questo ordine venga annullato. Se lo imposti a 0 non verrà mai annullato. Questa variabile viene espressa in secondi.

11. Freccia: se vuoi contrassegnare una freccia sul grafico quando viene eseguita questa operazione devi scriverlo qui; in questo caso non lo vogliamo quindi scriviamo solo clrNONE.

A questo punto dovresti aver terminato la funzione OrderSend(), e chiudendo con una parentesi chiusa e un punto e virgola dovresti avere questa funzione:

```
void NewOrder()
{
    int
Result=OrderSend(Symbol(),OP_BUY,LotSize,Bid, ,StopLoss,TakeProfit,NULL,    ,  ,clrNONE);
return;
}
```

6-4 La nostra prima funzione NewOrder() è terminata.

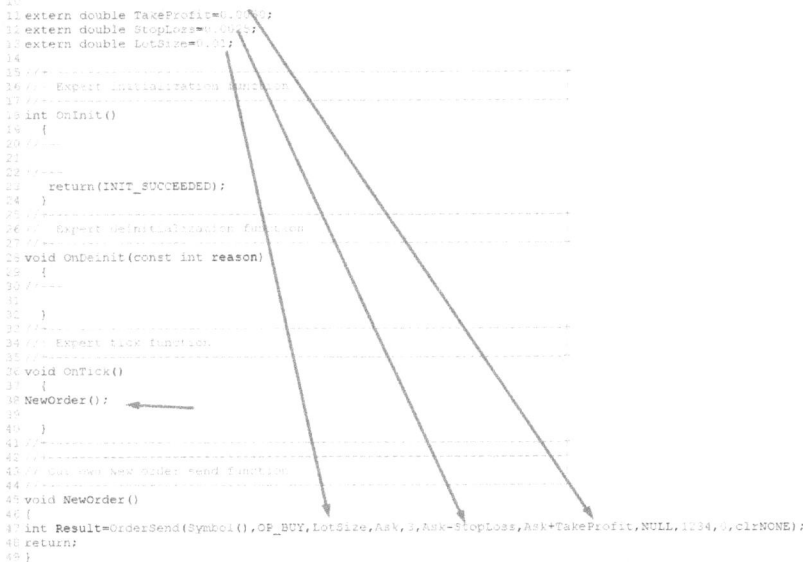

6-5 Le variabili di input esterne si trovano nell'area globale prima di tutte le funzioni, anche di quelle predefinite.

Puoi vedere che tutte le variabili vengono dichiarate all'inizio e la funzione si trova al di sotto di tutte e tre le funzioni predefinite.

Le variabili sono definite sopra tutte le funzioni e vengono utilizzate nella funzione stessa. Nella funzione utilizziamo il nome delle variabili piuttosto che i valori stessi. La funzione OrderSend() termina con punto e virgola perché questa operazione è terminata, quindi quando chiudiamo l'intera funzione con return; puoi vedere che richiamiamo la funzione NewOrder(), che richiama OrderSend() con tutti i nostri parametri di input.

Ora devi solo richiamare questa funzione NewOrder(), scrivendolo nella nostra funzione tick. Ogni volta che arriva un nuovo tick verranno eseguite tutte le istruzioni indicate nella funzione tick. Mettiamo qui questa nuova funzione, e ricorda che anche queste funzioni devono terminare con un punto e virgola per chiudere l'operazione. Vedi la riga 38. Si richiama una funzione scrivendo il nome della funzione tra parentesi aperte e chiuse seguite da un punto e virgola. Così come puoi vedere nell'immagine:

6-6 Come viene utilizzata la funzione Neworder() nella funzione tick

Ora puoi compilare questo file.

Premi F4 – per aprire la piattaforma

Premi Ctrl+R – per aprire il tester di strategia

Ora scegli il file MyAlgo, esegui su EURUSD, su Tickdata e il periodo di tempo che desideri.

Poiché stai eseguendo la funzione NewOrder() nella funzione Tick(), questa effettuerà un nuovo ordine ad ogni tick e dunque ci saranno molti ordini. Nel diagramma di flusso sottostante puoi vedere che dopo aver effettuato un ordine viene restituito il controllo alla funzione OnTick() che richiama la funzione NewOrder() fino a quando il tester non si è fermato. Complimenti! Ora hai eseguito il tuo primo script.

Che cosa devi sapere:

- Come costruire una funzione
- Come eseguire il tester di strategia

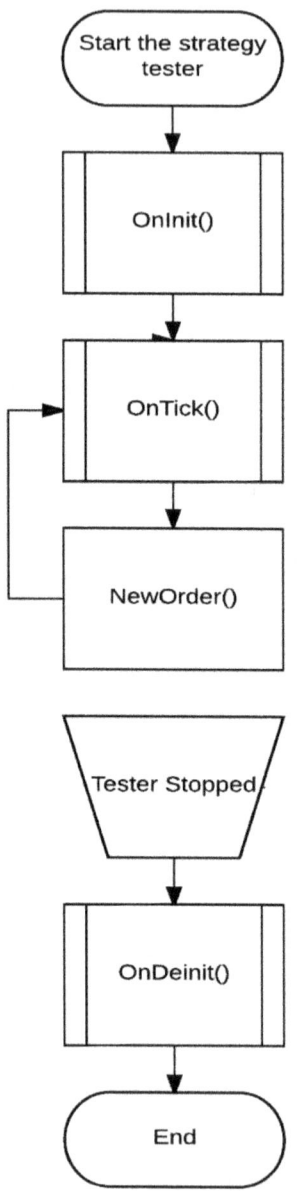

6-7 Diagramma di flusso con la funzione NewOrder().

CHAPTER 7:
Funzione IsNewBar

Il problema con la funzione precedente è che invia nuovi ordini ad ogni tick, quindi facciamo dobbiamo creare una funzione che controlli se un nuovo tick rappresenta anche una nuova barra o se appartiene alla stessa barra del precedente. Dobbiamo verificarlo perché vogliamo eseguire la nostra strategia solo una volta su ogni barra.

Descrizione della funzione

Progetteremo una funzione booleana che restituirà true se c'è una nuova candela sul grafico e false se non c'è. Lo controllerà su ogni tick utilizzato nella funzione tick prima della funzione NewOrder(). Descrizione della funzione: la funzione verrà controllata ad ogni tick e ad ogni tick questa funzione restituirà TRUE se è una nuova candela e FALSE se è la stessa candela.

Nome funzione: IsNewCandle()

```
bool IsNewCandle()
{
    static int BarsOnChart= ;
    if(Bars==BarsOnChart)
    return(false);
    BarsOnChart = Bars;
    return(true);
}
```

7-1 Questa è la funzione completa IsNewCandle().

Creeremo un diagramma di flusso che spiega tale funzione.

1. Iniziamo scrivendo il tipo che in questo caso e booleano (perché restituirà false/true) e il nome della funzione che è IsNewCandle(), seguito da una parentesi aperta e chiusa.

2. Dichiariamo una variabile static int BarOnChart=0; che memorizza il numero di barre presenti sul grafico. Questa variabile sarà statica, il che significa che quando la funzione viene eseguita ad ogni tick memorizzerà il numero di barre. Questo per garantire che la prossima volta che eseguiamo la funzione potremo confrontare il numero di barre sul grafico con l'ultima volta che è stata eseguita.

3. Utilizziamo un'istruzione if, che è una dichiarazione decisionale. Chiediamo se le barre del grafico su questo particolare tick sono le stesse dell'ultima volta in cui sono state memorizzate il numero di barre. Come accennato, lo facciamo tramite un'istruzione if e il segno di uguale (==). Usando la funzione *Bars* viene restituito il numero di barre da quando abbiamo iniziato ad eseguire l'algoritmo.

4. Indipendentemente dal fatto che sia true o false, assegniamo il numero di barre alla nostra variabile BarsOnChart.

5. Se le barre sul grafico sono cambiate, all'istruzione if viene risposto con no e la funzione restituisce true;

6. Se le barre sul grafico non sono cambiate, all'istruzione if viene risposto con no e la funzione restituisce false.

Fino a quando non otteniamo un tick che fa parte di una nuova candela, la funzione restituirà false. Se hai impostato un lasso di tempo di un'ora e questa candela fa parte della nuova ora, ti verrà restituito true.

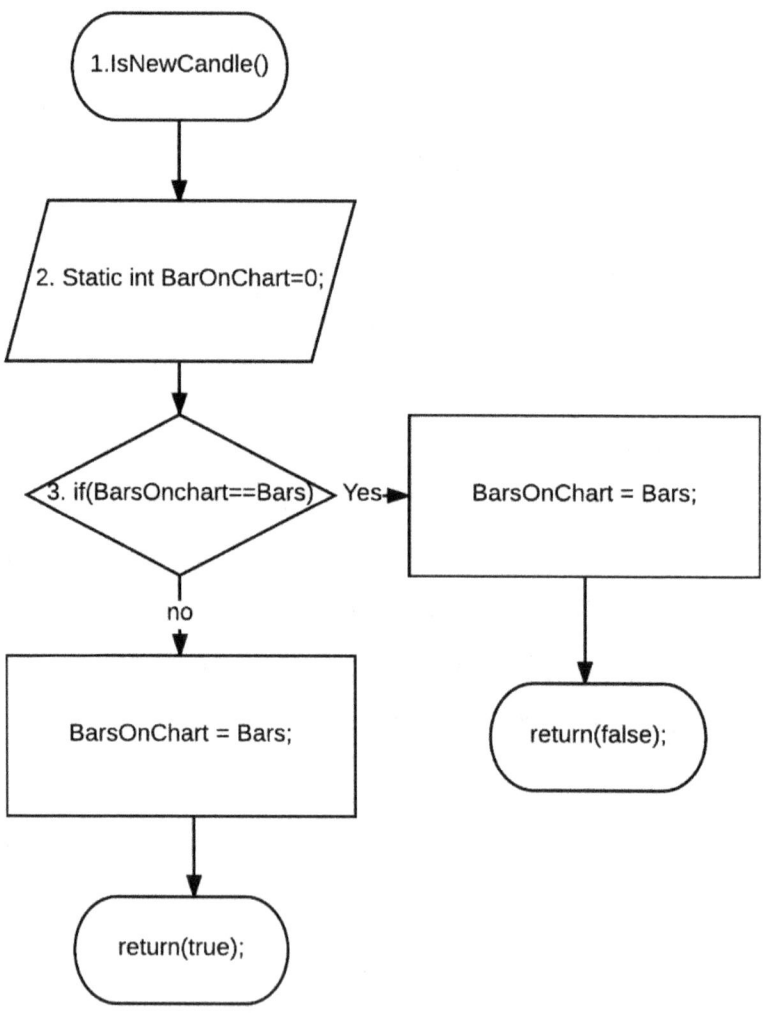

7-2 Diagramma di flusso della funzione IsNewCandle().

```
//---------------------------------------------------------
// Our own New Order Send function
//---------------------------------------------------------
void NewOrder()
{
int Result=OrderSend(Symbol(),OP_BUY,LotSize,Ask,3,Ask-StopLoss,Ask+TakeProfit,NULL,1234,0,clrNONE);
return;
}

bool IsNewCandle()
{
    static int BarsOnChart=0;
    if(Bars==BarsOnChart)
    return(false);
    BarsOnChart = Bars;
    return(true);
}
```

7-3 Qui puoi vedere la nostra ultima funzione sotto la precedente funzione nello script.

Come usare la funzione IsNewCandle()

Lo scopo della funzione nuova candela è di effettuare operazioni di trading solo una volta per candela, questo significa che metteremo la nostra funzione NewOrder() tra parentesi dell'istruzione if(IsNewCandle)

7-4 Puoi vedere come cambiamo il flusso della funzione Ontick, l'abbiamo riorganizzato.

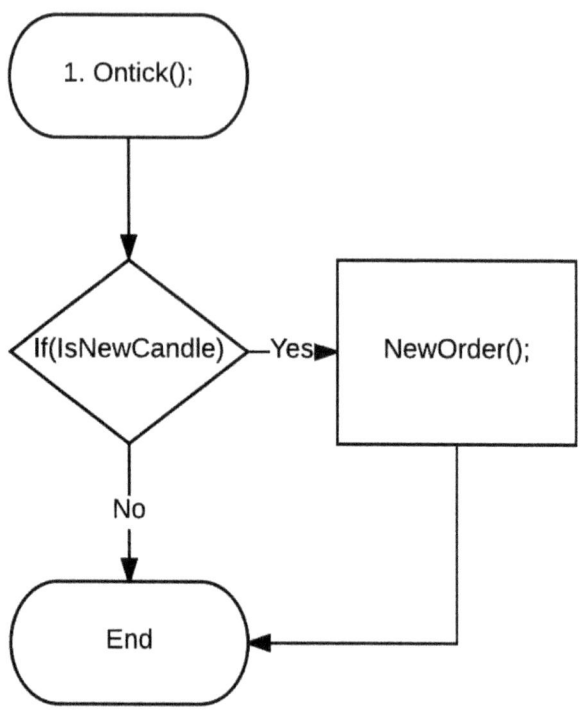

7-4 Funzione ontick riorganizzata con IsNewCandle().

Puoi vedere che abbiamo cambiato la funzione OnTick(). Abbiamo aggiunto un'istruzione if che esegue la funzione NewOrder() solo se c'è una nuova candela.

Puoi vedere che quando viene eseguita la funzione Ontick(), questa esegue l'istruzione if che esegue la funzione IsNewCandle(); se è NewCandle() restituisce true e significa sì, che eseguirà la funzione NewOrder(), ma se IsNewCandle() restituisce false andrà semplicemente alla fine della nuova funzione e verrà eseguito allo stesso modo al tick successivo.

Che cosa devi sapere:

- Come creare una funzione booleana
- Cosa significano le funzioni bars
- Come vengono utilizzate

CHAPTER 8:
Funzione Ordini Totali

Descrizione della funzione

Questa funzione conta il numero di ordini di mercato presenti nel mercato stesso. L'obiettivo è sapere quanti ordini aperti abbiamo per evitare di aprire più di un ordine di mercato alla volta.

Nome funzione: TotalOpenTrader()

```
int TotalOpenOrders()
{
int Trades= ;
int Total=OrdersTotal();
   for(int i=Total;i>0;i--)
        {
        bool res=OrderSelect(i- ,SELECT_BY_POS,MODE_TRADES);
        if(OrderType()==OP_BUY || OrderType()==OP_SELL)
            {
            Trades++;
            }
        }
    return(Trades);
}
```

8-1 Ecco come appare la funzione.

Poiché questo restituirà un numero intero che è il numero di ordini, allora di parla di un tipo di funzione intero.

1. Iniziamo dichiarando una variabile int Trades e assegniamo un valore pari a zero, questa è la variabile a cui assegneremo il numero di operazione di trading aperti.

2. Avviamo un'altra funzione che è anche di tipo intero e assegniamo il valore di OrdersTotal() a *Total*, questa funzione restituisce il totale degli ordini aperti e in sospeso nel nostro pool di scambi aperti.

3. Creiamo un ciclo. Si tratta di un ciclo che itera il numero di tutti gli ordini in sospeso e gli ordini aperti se il numero è superiore a zero, inoltre diminuirà il valore di i dopo ogni ciclo, purché i sia maggiore o uguale a zero.

4. Successivamente controllerà se il valore di i è superiore a zero, se ci sono ordini nel terminal sarà superiore a zero, come ad esempio 2.

5. Se non abbiamo alcun ordine nel terminal, eseguirà semplicemente Return(Trades); che restituirà 0 e il controllo passerà al di fuori di questa funzione.

6. Se i è superiore a zero, verrà eseguito attraverso il resto del ciclo.

7. Il primo processo consiste nel selezionare l'ordine specifico nel nostro ciclo commerciale. Lo facciamo usando la nostra funzione OrderSelect(), questa funzione restituirà true se c'è un'operazione di trading nel tuo trading aperto, altrimenti false. Se l'istruzione con OrderSelect() combinata ha due operazioni nella nostra funzione, una è quella di selezionare l'ordine corretto e dato che si tratta di un ritorno della funzione di tipo booleano, restituirà true e passerà il controllo all'operazione successiva. OrderSelect ha tre variabili, la prima è l'indice dell'operazione di trading che stiamo eseguendo attraverso il ciclo; quindi dobbiamo impostare i-1, perché la prima operazione di trading ha un valore di indice pari a zero. La prossima variabile che usiamo indica che selezioniamo l'operazione in base alla

sua posizione nell'indice. Quindi la programmiamo in modo da utilizzare il pool di scambi live, e non per selezionare le operazioni di trading storiche. OrderSelect() è un tipo di variabile booleano che restituisce true se abbiamo selezionato delle operazioni di trading, o false se non sono stati selezionate operazioni di trading.

8. Quindi abbiamo un'istruzione if, che controlla se l'operazione che abbiamo selezionato è un ordine di mercato di acquisto o di vendita.

9. Se si tratta di un ordine di acquisto o vendita, aggiungiamo 1 alla nostra variabile Trades, altrimenti passerà il controllo al ciclo for per diminuire i. Se abbiamo 8 ordini totali nel ciclo, la prossima volta avrò il valore di 7 nel ciclo stesso.

10. Quando è stato eseguito attraverso tutti gli ordini aperti si avrà un valore pari a 0, quindi il controllo verrà passato a return(Trades) che restituisce la variabile Trades a chi potrebbe richiamare questa funzione. Quindi, se ci sono 7 ordini di mercato, la variabile Trades avrà un valore di 7 quando si ha return(Trades) al di fuori della funzione.

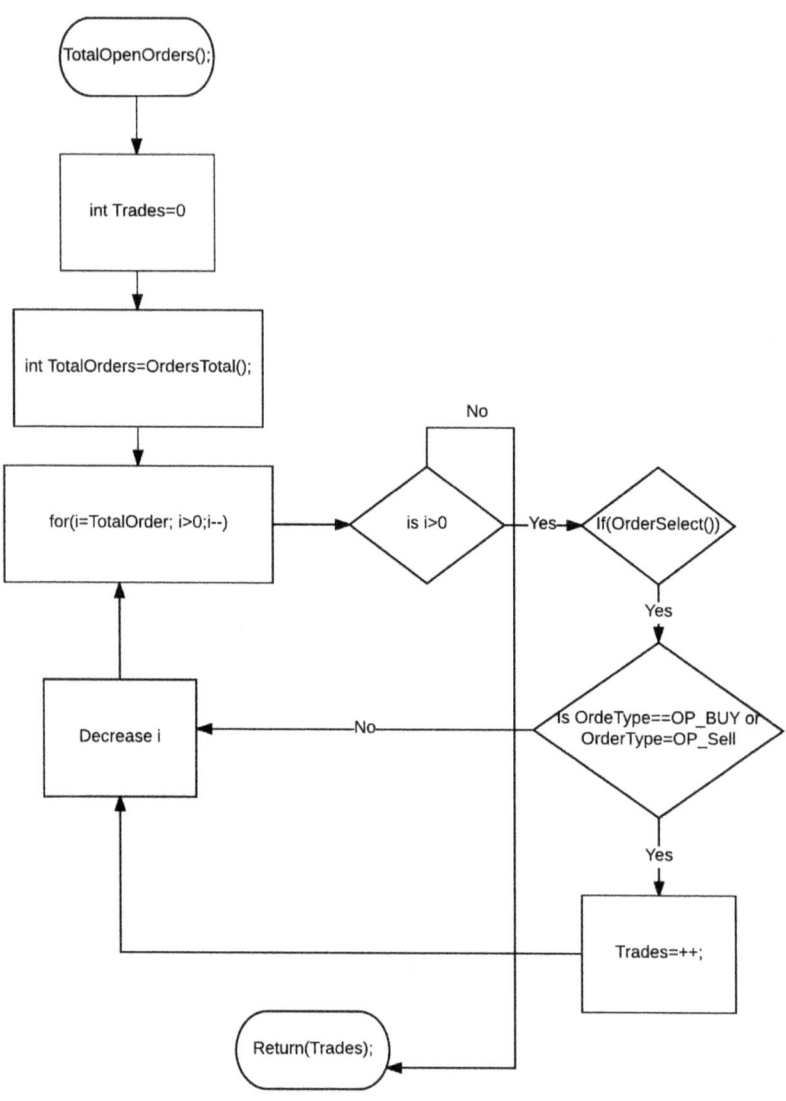

8-2 Diagramma di flusso per TotalOpenOrders().

Come usare la funzione TotalOpenOrder()

Ora useremo la nostra nuova funzione nella funzione tick per controllare ed effettuare operazioni di trading solo se non ci sono ordini aperti, ovvero se TotalOpenOrder()<1.

```
25 //+------------------------------------------------------------------+
26 //| Expert deinitialization function                                 |
27 //+------------------------------------------------------------------+
28 void OnDeinit(const int reason)
29   {
30 //---
31    
32   }
33 //+------------------------------------------------------------------+
34 //| Expert tick function                                             |
35 //+------------------------------------------------------------------+
36 void OnTick()
37   {
38    if(IsNewCandle())
39       {
40        if(TotalOpenOrders()<1)
41           {
42            NewOrder();
43           }
44       }
45   }
46 //+------------------------------------------------------------------+
47 //+------------------------------------------------------------------+
48 //| Our own New order send function                                  |
49 //+------------------------------------------------------------------+
50 void NewOrder()
51 {
52  int Result=OrderSend(Symbol(),OP_BUY,LotSize,Ask,3,Ask-StopLoss,Ask+TakeProfit,NULL,1234,0,clrNONE);
53  return;
54 }
```

8-3 Questa è la nostra funzione OnTick() riorganizzata.

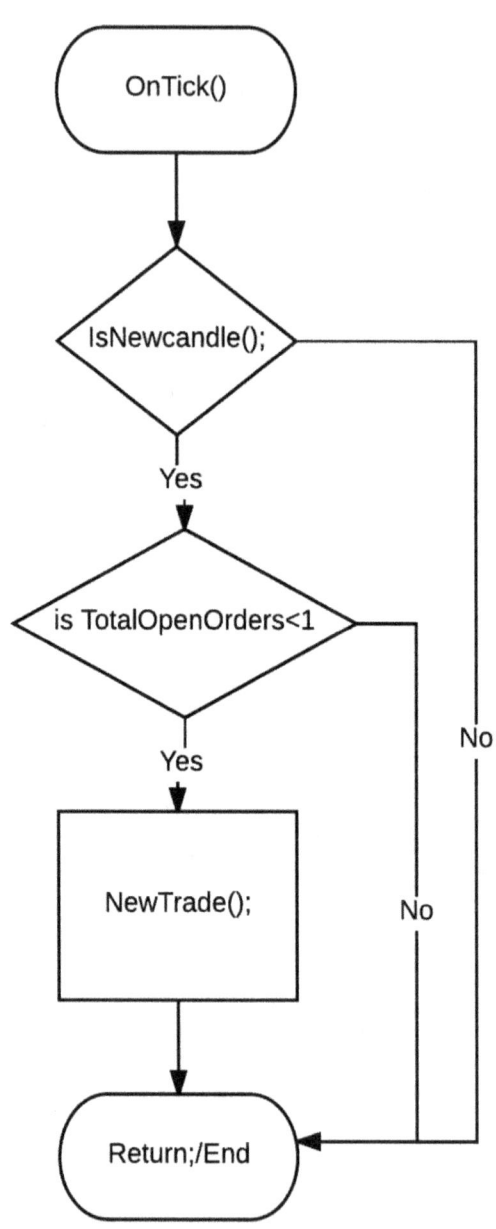

8-4 Diagramma di flusso della funzione Tick riorganizzata.

Questo è il modo in cui viene eseguito il flusso, se è NewCandle passerà il controllo per verificare se il totale degli ordini aperti è inferiore a uno e quindi zero; in tal caso passerà il controllo a NewTrade() ed eseguirà quella funzione in NewTrade().

Come puoi vedere abbiamo introdotto una nuova istruzione if nella funzione OnTick() e così ora abbiamo un'ulteriore parentesi aperta e chiusa. Pertanto NewTrade() si trova all'interno delle parentesi delle istruzioni TotalOpenTraders, che è all'interno delle parentesi di apertura e chiusura di IsNewCandle. Vedi la relazione nel diagramma di flusso.

CHAPTER 9:
Funzione Chiudi Tutti gli Ordini

Descrizione della funzione:

Creeremo una funzione che chiude tutti gli ordini di mercato e cancellerà tutti gli ordini correnti in sospeso.

Nome funzione: CloseAllOrder()

```
void CloseAllOrders()//1.
{
int Total=OrdersTotal(); //2.
   for(int i=Total;i> ;i--) //3.
      {
      if(OrderSelect(i- ,SELECT_BY_POS,MODE_TRADES))//4.
         {
         if(OrderType()==OP_SELL)//5.
            {
            bool res1=OrderClose(OrderTicket(),OrderLots(),Ask, ,clrNONE);//6.
            }
         if(OrderType()==OP_BUY)//7.
            {
            bool res2= OrderClose(OrderTicket(),OrderLots(),Bid, ,clrNONE);//8.
            }
         if(OrderType()==OP_BUYLIMIT || OrderType()==OP_BUYSTOP|| OrderType()==OP_SELL-
STOP||OrderType()==OP_SELLLIMIT)//9.
            {
            bool res3= OrderDelete(OrderTicket(),clrNONE);//10.
            }
         }
      }
return;
}
```

9-1 Questa è la funzione CloseAllOrder.

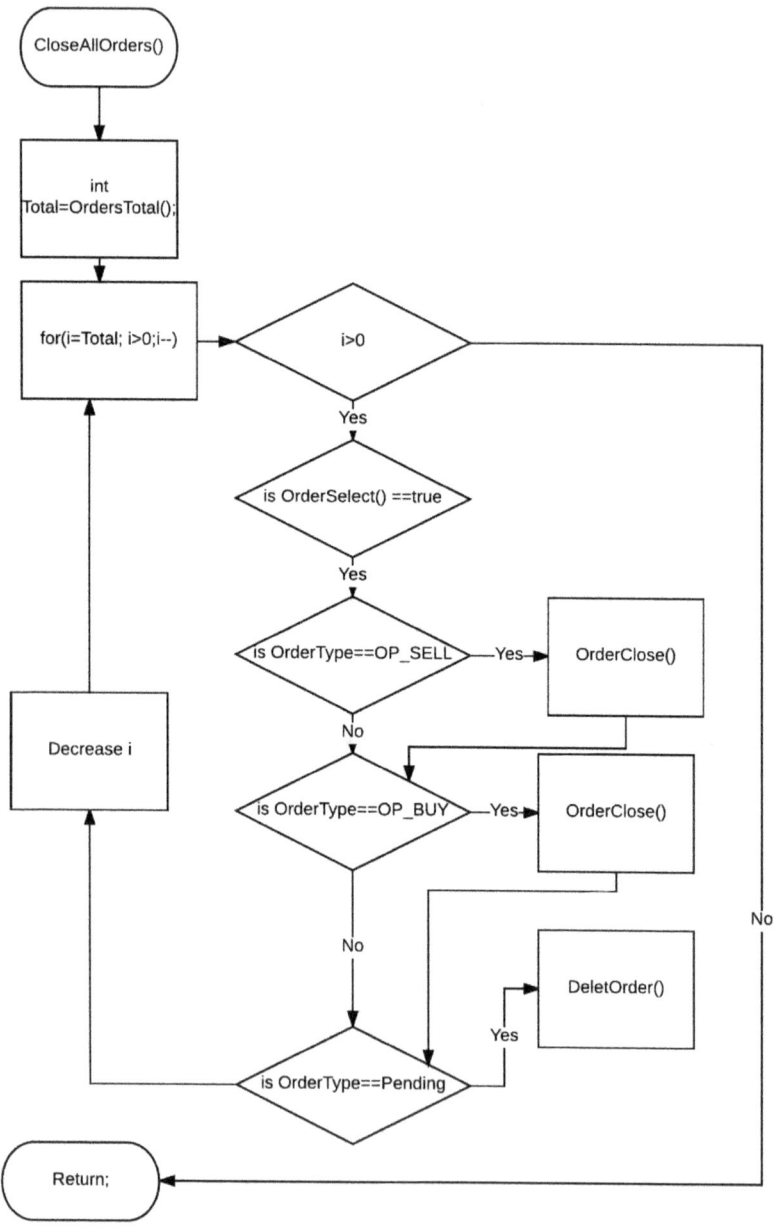

9-2 Diagramma di flusso per la funzione CloseAllOrder().

Puoi vedere i numeri contrassegnati nella funzione e leggere i commenti.

1. Iniziamo scrivendo void + nome funzione + parentesi aperte e chiuse e return;. Prima della parentesi di chiusura includeremo il resto della funzione tra le parentesi e prima di return; istruzione.

2. Crea nome variabile integer Total, la funzione OrdersTotal() restituirà il numero del mercato corrente totale e degli ordini in sospeso.

3. Crea un ciclo for che eseguirà il ciclo di tutti gli ordini attraverso di esso, a partire dall'ultimo ordine. Avrà bisogno delle proprie parentesi di apertura e chiusura, tutto ciò che vogliamo ripetere deve essere all'interno di queste parentesi. Se si tratta di un totale di 8 ordini, inizierà dall'ultimo numero, 8, ed eseguirà questo particolare ordine attraverso tutto ciò che è presente nel nostro ciclo. Al termine, prenderà l'ordine numero 7 e continuerà fino all'ordine numero 1.

4. Usiamo la nostra funzione OrderSelect() per selezionare l'ordine particolare nel nostro ciclo di ordini. Per fare un esempio: abbiamo 8 ordini, l'ordine numero 8 avrà il numero di indice 7 all'interno del ciclo. Quindi verrà restituito true se viene selezionato un ordine, ma se non c'è alcun ordine nel ciclo di ordini allora questo non verrà eseguito e l'istruzione if sarà sempre true.

5. Questo controllerà se il tipo di ordine selezionato è un ordine di mercato ed è un ordine di vendita, utilizzando la funzione OrderType() che restituirà il tipo di ordine. In tal caso verrà eseguita l'operazione successiva, che è CloseOrder().

6. Qui abbiamo un punto e virgola perché sta ad indicare la fine di questo ciclo; OrderClose restituisce un'istruzione TRUE/FALSE quindi usiamo bool res1 per memorizzare questo valore, lo stesso con la funzione OrderDelete(), che restituirà anche true. Questa funzione presenta tre variabili di input.

7.
    a. La prima variabile è OrderTicket() dell'ordine selezionato

    b. La seconda variabile è l'importo che vuoi chiudere, ovvero OrderLots()

    c. Il terzo è il prezzo, e poiché l'ordine selezionato è l'ordine di vendita utilizziamo Ask come prezzo di chiusura

    d. La quarta variabile è lo slippage che noi impostiamo a tre pips

    e. Commento

8. Questo controllerà se l'ordine selezionato è un ordine di mercato, mentre se è un ordine di acquisto eseguirà l'operazione successiva.

9. Qui abbiamo il punto e virgola, perché questa è la fine del ciclo, e chiudiamo con il prezzo di offerta perché si tratta di un ordine di acquisto.

10. Questo controllerà se l'ordine selezionato è in sospeso o meno.

11. Usiamo OrderDelete() per eliminare questo particolare ordine se risulta come un ordine limite.

Uso della funzione CloseAllOrder()

Questa funzione sarà utilizzata da un'altra funzione, la CandleClose(), di cui ci occuperemo più avanti nel corso del libro.

CHAPTER 10:
Funzione Pips

Descrizione della funzione

Alcuni broker usano quattro cifre, altri cinque. Ciò significa che alcuni indicano i prezzi come 1.5000 e altri come 1.50000. Quindi hai bisogno di una funzione che recuperi 0.0001 se si tratta di quattro cifre e 0.00001 se sono cinque. Abbiamo bisogno di un doppio pips variabile, a cui vogliamo assegnare il valore 0.0001. Il punto è avere una variabile che è possibile moltiplicare con una variabile intera per convertirla ad esempio in pips, ed usarla per decidere lo stop loss e il take profit.

Hai una variabile intera esterna chiamata extern int Stoploss=50;

Si tratta di una variabile intera che indica che lo stoploss dovrebbe essere di 50 pips. Quando applichi questa variabile, vuoi che sia 0.0050 e quindi 50 pips. Puoi farlo con una variabile chiamata pips a cui assegni un valore di 0.0001. Quindi puoi moltiplicare Stoploss*pip=50*0.0001=0.0050 e ottenere il valore che vuoi utilizzare nella tua funzione.

Questa funzione dovrebbe essere eseguita solo una volta all'inizio, quando avviamo il nostro algoritmo nella funzione OnInit() e assegniamo un nuovo valore alla variabile *double pips* nell'area globale.

```
void PipsFunction()//1.
{
double ticksize=MarketInfo(Symbol(),MODE_TICKSIZE);//2.
    if (ticksize == 0.00001 || ticksize == 0.001)//3.
    {
    pips = ticksize*10;//4.
    }
    else
    {
    pips = ticksize;//5.
    }
return;
}
```

10-1 Questa è la PipsFunction.

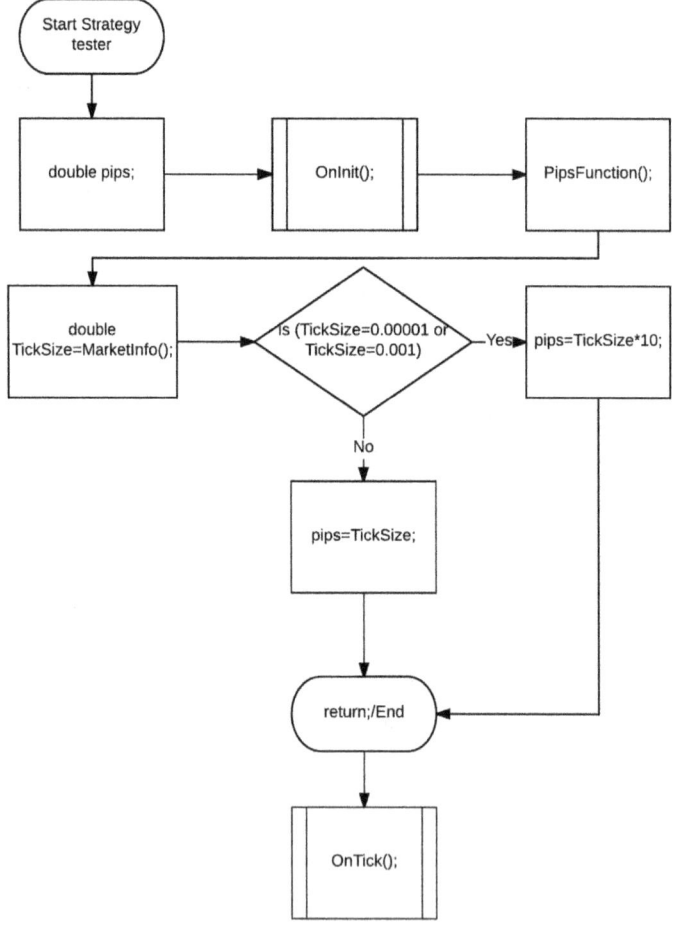

10-2 Diagramma di flusso per la PipsFunction;

Commento alla funzione:

Puoi vedere come prima facciamo partire il tester di strategia, che poi definisce la variabile double pips senza però ottenere alcun valore dato che useremo PipsFunction() per assegnarlo. Quindi il controllo passa alla funzione OnInit() che richiama la PipsFunction();

1. Iniziamo definendo la funzione, si tratta di una funzione void con il nome PipsFunction() alla quale aggiungiamo una parentesi aperta e chiusa con return; prima della parentesi di chiusura alla fine. Questa è una funzione che esegue solamente e non restituisce nulla.

2. Abbiamo una doppia variabile TickSize, che è uguale a MarketInfo(Symbol(),MODE_TICKSIZE); chiudiamo questa operazione con un punto e virgola. La funzione MarketInfo(), recupera le informazioni dal mercato, che se è un broker a cinque cifre recupererà 0.00001 e se a quattro cifre recupererà 0.0001, ad esempio sulla coppia EURUSD.

3. Quindi abbiamo un'istruzione if che controlla se il broker è di cinque cifre o meno. Se nell'ultima operazione ha recuperato un valore di 0.00001 (TickSize), si tratta di un broker a cinque cifre. Quindi moltiplichiamo TickSize per 10 e assegniamo il valore alla nostra variabile pips. Se TickSize è 0.0001 significa che è un broker a quattro cifre, allora usiamo lo stesso valore per i pips e non sarà necessario moltiplicarlo dato che contiene già il valore 0.0001.

4. Se si tratta di un broker a cinque cifre, moltiplichiamo per 10 per convertirlo a quattro cifre e assegniamo questo valore alla variabile pips.

5. Se si tratta di un broker a quattro cifre e i pips rispettivi sono gli stessi della visualizzazione delle informazioni di mercato recuperate pips=ticksize, e se la prima è vera, si tratta di un'istruzione else e quindi eseguiamo questa operazione, altrimenti la lasceremo così com'è.

```
 7 #property link       "www.tayyabrashid.com"
 8 #property version    "1.00"
 9 #property strict
10
11 extern double TakeProfit=0.0050;
12 extern double StopLoss=0.0025;
13 extern double LotSize=0.01;
14 double pips=0;
15 //+------------------------------------------------+
16 //| Expert initialization function                 |
17 //+------------------------------------------------+
18 int OnInit()
19   {
20 //---
21    PipsFunction();
22 //---
23    return(INIT_SUCCEEDED);
24   }
25 //+------------------------------------------------+
26 //| Expert deinitialization function               |
27 //+------------------------------------------------+
28 void OnDeinit(const int reason)
29   {
30 //---
31    
32   }
33 //+------------------------------------------------+
34 //| Expert tick function                           |
35 //+------------------------------------------------+
36 void OnTick()
37   {
38    if(IsNewCandle())
39      {
40       if(TotalOpenOrders()<1)
41         {
42          NewOrder();
43         }
44      }
45   }
```

10-3 Ecco come utilizzeremo PipsFunction nello script.

Come puoi vedere le variabili pips sono definite nell'area globale in quanto possono essere utilizzate in diverse funzioni.

Eseguiamo questa funzione solo una volta quindi la mettiamo in OnInit(). Ricorda che viene eseguito solo all'inizio, quindi lo avviamo e assegniamo un valore alla nostra variabile pips da usare in tutte le altre variabili nell'operazione. Ad esempio, prima di iniziare, i nostri pips variabili non hanno alcun valore. Quando avviamo il tester di strategia eseguiamo l'algoritmo, nel momento in cui la funzione OnInit() è stata completata allora eseguirà la PipsFunction(); che assegna valore alla nostra variabile *pips*.

Stiamo costruendo le diverse funzioni di cui abbiamo bisogno per gestire le nostre operazioni. Ciò di cui abbiamo bisogno ora sono le seguenti funzioni: trade, trade execute, lotsize, break-even, e trailing stop.

CHAPTER 11:
Funzione BreakEven

Descrizione della funzione

Nome della funzione: BreakEven()

Questa funzione verrà eseguita e controllerà, dopo una distanza predefinita, se il mercato si è mosso a nostro favore e se bloccherà alcuni pips.

Questa funzione verrà eseguita solo se abbiamo un ordine aperto, ad ogni tick e non alla chiusura della candela. Useremo l'istruzione if per verificare se è presente un'operazione aperta, e in caso affermativo richiameremo questa funzione nella funzione tick. Avremo una variabile true/false da inserire nella funzione OnTick() per attivare/disattivare la funzione breakeven e rendere la variabile modificabile nella nostra area globale.

Variabili nell'area globale:

Extern int MoveToBreakEven=50; Questa variabile la useremo per decidere dopo quanti pips a nostro favore vogliamo passare a breakeven.

Extern int PipsProfitLock=20; Questa variabile viene utilizzata per decidere quanti pips vogliamo garantire in profitto; 0 significa breakeven e 20 pips significa che vogliamo bloccare appunto 20 pips di profitto.

Extern bool UseBreakeven=true; Questa variabile la usiamo nella funzione tick, esegue il breakeven e se la variabile è true allora può essere modificata nella finestra di input.

```
void BreakEven()//1.
{
for(int i=OrdersTotal();i> ;i--)//2.
    {
    if(OrderSelect(i- ,SELECT_BY_POS,MODE_TRADES))//3.
        {
        if(OrderType()==OP_BUY)//4.
            {
            if(Bid-OrderOpenPrice()>MoveToBreakEven*pips)//5.
                {
                if(OrderOpenPrice()>OrderStopLoss())//6.
                    {
                    bool res1=OrderModify(OrderTicket(),OrderOpenPrice(),OrderOpenPrice()+PipsProfit-
Lock*pips,OrderTakeProfit(), ,clrNONE);//7.
                        Alert("Yes");
                    }
                }
            }
        if(OrderType()==OP_SELL)

            {
            if(OrderOpenPrice()-Bid>MoveToBreakEven*pips)
                {
                if(OrderOpenPrice()<OrderStopLoss())
                    {
                    bool res1=OrderModify(OrderTicket(),OrderOpenPrice(),OrderOpenPrice()-Pip-
sProfitLock*pips,OrderTakeProfit(), ,clrNONE);
                    }
                }
            }
        }
    }
}
```

11-1 Funzione breakeven.

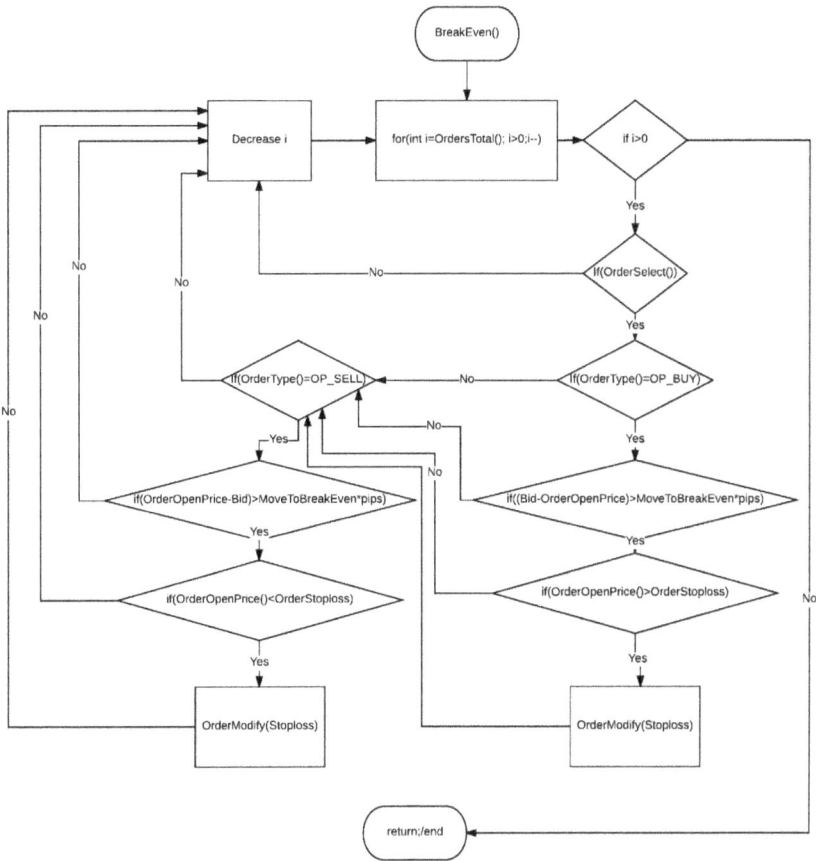

11-2 Diagramma di flusso della funzione BreakEven.

1. Iniziamo nominando la funzione void BreakEven(), aggiungi le parentesi aperte e chiuse e scrivi return prima della parentesi chiusa.

2. Useremo un ciclo for per passare attraverso tutti gli ordini aperti mediante la nostra funzione breakeven. i è uguale a TotalOrder() e restituirà gli ordini totali correnti, quindi inizierà a eseguire il ciclo attraverso l'ultimo ordine. Se ci sono 8 ordini, inizierà con l'ottavo ordine e diminuirà il

numero per ogni volta che passa attraverso la funzione. Verrà eseguito se i è maggiore di 0, mentre se è uguale a 0 passerà il controllo alla fine della funzione.

3. Usiamo OrderSelect() per selezionare un ordine particolare nel nostro pool di scambi; finché c'è un ordine nel pool restituirà true, altrimenti false. Se l'ultimo processo decisionale passa a OrderSelect() significa che c'è un ordine nel nostro trade pool, quindi questo sarà sempre true e passerà il controllo dopo la selezione dell'ordine.

4. Dopo che abbiamo Orderselected() e ha restituito true, controlliamo se l'ordine selezionato è un ordine di acquisto. Se è così passerà il controllo all'operazione successiva, in caso contrario passerà al resto della funzione che verifica se si tratta di un ordine di vendita.

5. Se si tratta di un ordine di acquisto, l'istruzione verificherà se la differenza (in pips) tra il prezzo corrente e il prezzo di apertura dell'ordine è maggiore di quello che abbiamo deciso nella variabile esterna MoveToBreakEven . Ad esempio, se abbiamo impostato quella variabile su 40, non sarà in pips, e per convertirla dobbiamo moltiplicare con la nostra variabile pips che è (0.0001), quindi diventerà 0.0040. Se la differenza è superiore a 0.0040, il mercato si è mosso di oltre 40 pips a nostro favore, e questo passerà il controllo all'operazione successiva. Se non è true, eseguirà lo stesso ordine attraverso l'operazione di vendita che è presente anche nella funzione più in basso.

6. Questa istruzione if controllerà se lo stoploss si è già mosso tramite la funzione breakeven o trailing, se non lo ha già fatto. Questo tornerà true e passerà all'operazione successiva. Altrimenti passa il controllo per verificare se si tratta di un ordine di vendita ed esegui l'operazione.

7. Quindi usiamo la funzione OrderModify() per eseguire ciò che vogliamo che venga fatto, ciò che vogliamo cambiare è lo stoploss mentre tutto il resto è uguale all'ordine iniziale. Poiché si tratta di un ordine di acquisto, dobbiamo aggiungere pips che vogliamo bloccare in OrderOpenPrice(), anche qui PipsProfitLock è un valore numerico come 20 che possiamo convertire in pips moltiplicandolo per la nostra variabile pips.

8. A questo punto facciamo lo stesso per il lato vendita. Come puoi vedere entrambe le funzioni orderType() sono tra le parentesi quadre della funzione OrderSelect().

```
11 extern int TakeProfit=50;
12 extern int StopLoss=25;
13 extern double LotSize=0.01;
14 double pips;
15 extern int MoveToBreakEven=50;
16 extern int PipsProfitLock=20;
17 extern bool UseBreakEven=True;
18 //+------------------------------------------------------------------+
19 //| Expert initialization function                                   |
20 //+------------------------------------------------------------------+
21 int OnInit()
22   {
23 //---
24    PipsFunction();
25    Alert(pips);
26 //---
27    return(INIT_SUCCEEDED);
28   }
```

11-3 Ecco come sarà la variabile nell'area globale.

Nell'immagine sopra abbiamo incluso i double pips variabili, non gli abbiamo assegnato alcun valore, ma abbiamo una doppia funzione definita. Per assegnargli un valore richiamiamo la

PipsFunction() all'inizializzazione. Abbiamo anche cambiato TakeProfit e Stoploss di tipo integer perché invece di 0.0025 abbiamo scritto 25; dall'altra parte abbiamo moltiplicato StopLoss e Takeprofit per i pips in modo da convertirlo in 0.0025. Abbiamo anche usato la funzione NomalizeDouble() per convertire tutto in quattro decimali e arrotondare a quattro decimali.

```
void NewOrder()
{
int Result=OrderSend(Symbol(),OP_BUY,LotSize,Ask, ,NormalizeDouble(Ask-
StopLoss*pips, ),NormalizeDouble(Ask+TakeProfit*pips, ),NULL,    , ,clrNONE
);
return;
}
```

11-4 Nuova funzione di order.

Come usiamo la funzione BreakEven

Lo useremo nella nostra funzione Ontick, ma prima di eseguire la funzione breakeven dobbiamo verificare se c'è un ordine aperto, e in caso affermativo allora eseguirà la funzione breakeven su ogni tick.

```
void OnTick()
{
if(IsNewCandle())
   {
   if(TotalOpenOrders()< )
      {
      EntrySignal();
      }
   if(TotalOpenOrders()> )
      {
      if(UseBreakEven)
         {
         BreakEven();
         }
      }
   }
}
```

11-5 Funzione BreakEven inclusa nella funzione OnTick.

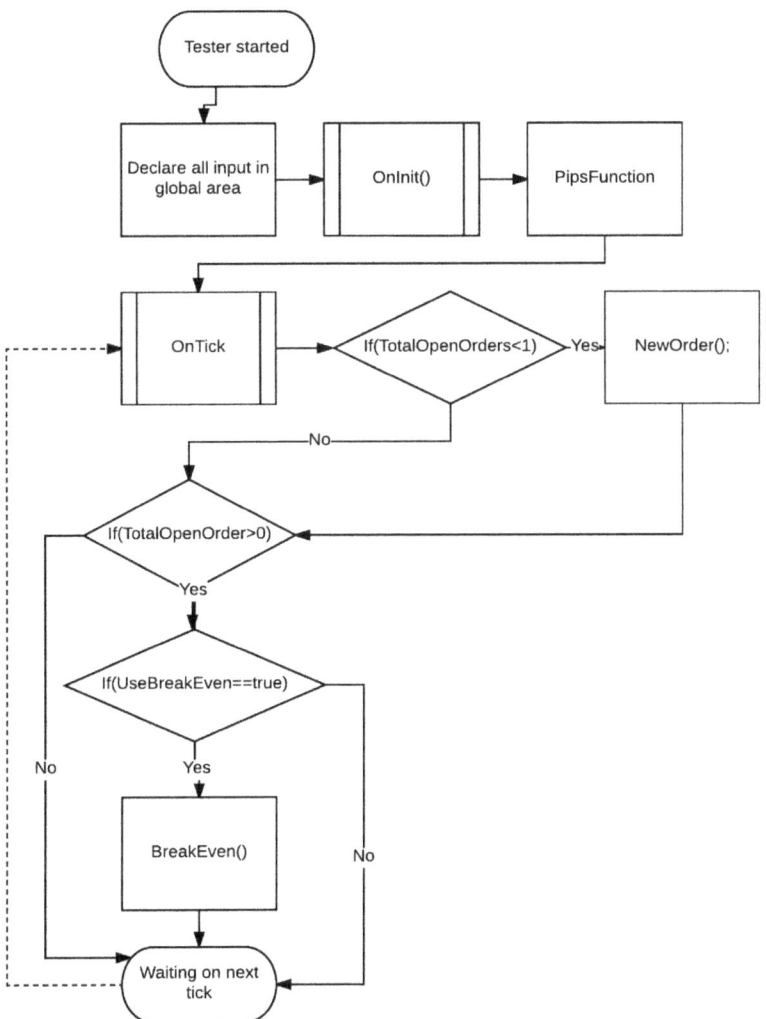

11-6 Nuovo diagramma di flusso dall'inizio alla funzione tick con la funzione BreakEven inclusa.

Come puoi vedere nella funzione OnTick() dopo aver eseguito un'operazione di trading avrà TotalOpenOrder, se più di uno passa il controllo alla successiva istruzione if che chiede se abbiamo impostato UseBreakEven su true, in questo caso passerà il controllo all'operazione successiva che esegue la funzione BreakEven().

CHAPTER 12:
Funzione Trailing Stop

Descrizione della funzione

Nome della funzione: TrailingStop(), anche questa è una funzione void.

Vogliamo seguire il nostro stoploss in un trend rialzista, seguiamo alcuni (distance) pips sotto l'offerta, ad esempio 50 pips sotto il prezzo bid corrente. Dopo l'attivazione del nostro trailing stop, se il mercato sale di 50 pips allora modificheremo il nostro stop loss di 50 pips al rialzo.

Variabili utilizzate nell'area globale:

Extern bool UseTrailingStop=true; Questa variabile viene richiamata nella funzione tick, come la nostra funzione BreakEven(), e verifica se vogliamo utilizzare un trailing stop dopo l'attivazione dell'operazione.

Extern int WhenToTrail=50; Usiamo questa variabile per vedere se il mercato si è mosso più di questa quantità di pips quando iniziamo il trailing stop. Se siamo long e il mercato si è mosso a nostro favore di 50 pips, iniziamo a seguire lo stop loss.

Extern int TrailAmount=50; Questa variabile è la distanza che vogliamo avere tra il nostro nuovo stop loss e il recente prezzo di offerta. 50 significa che vogliamo perdere 50 pips al di sotto del prezzo recente. Dobbiamo moltiplicare entrambi per i pips per convertirli appunto in pips, 0.0050.

```
void TrailingStop()//1.
{
  for(int i=OrdersTotal();i> ;i--)//2.
    {
      if(OrderSelect(i- ,SELECT_BY_POS,MODE_TRADES))//3.
        {
          if(OrderType()==OP_BUY)//4.
            {
              if(Bid-OrderOpenPrice()>WhenToTrail*pips)//5.
                {
                  if(OrderStopLoss()<Bid-TrailAmount*pips)//6.
                    {
                      bool res1=OrderModify(OrderTicket(),OrderOpenPrice(),Bid-TrailAmount*pips,OrderTakeProfit(), ,clrNONE);//7.
                    }
                }
            }
          if(OrderType()==OP_SELL)
            {
              if(OrderOpenPrice()-Bid>WhenToTrail*pips)
                {
                  if(OrderStopLoss()>Bid+TrailAmount*pips)
                    {
                      bool res1=OrderModify(OrderTicket(),OrderOpenPrice(),Bid+TrailAmount*pips,OrderTakeProfit(), ,clrNONE);
                    }
                }
            }
        }
    }
return;
}
```

12-1 Funzione Trailingstop.

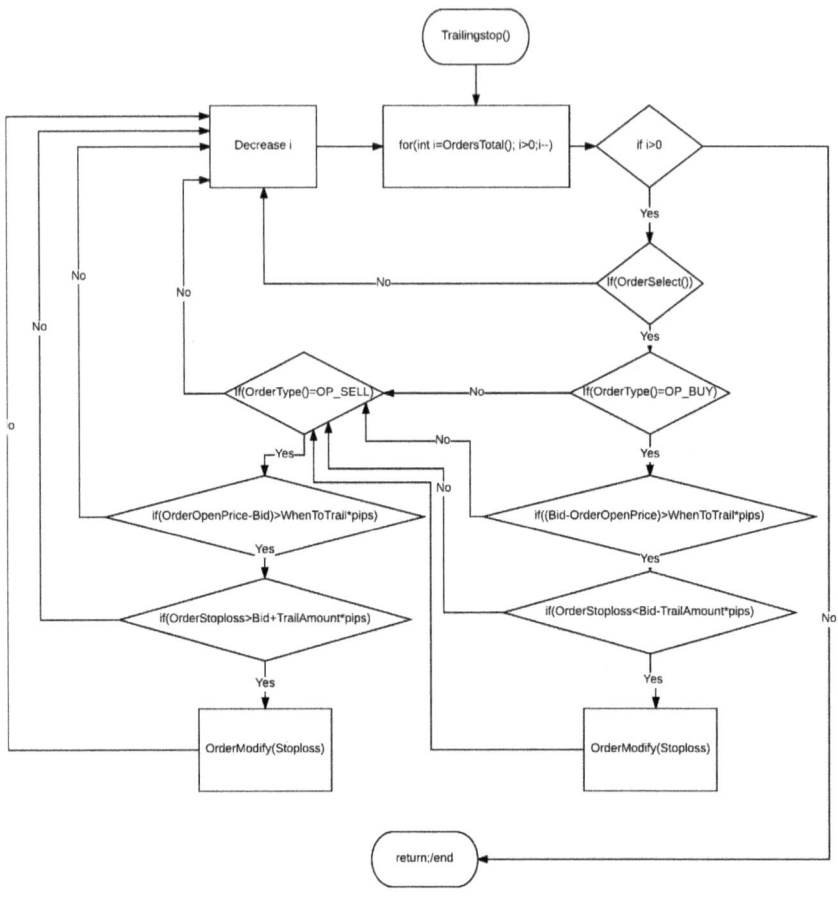

12-2 Diagramma di flusso della funzione TrailingStop()

1. Iniziamo definendo la funzione void TrailingStop() con una parentesi aperta e chiusa, e return; prima della parentesi chiusa.

2. Qui eseguiamo tutti gli ordini aperti attraverso il nostro ciclo di istruzioni. In questo caso utilizziamo un ciclo. Partendo dall'ultimo e decrementando *i* per ogni volta che il ciclo è

stato eseguito finché *i* non è zero, allora passerà il controllo a questa funzione.

3. Selezioniamo il nostro ordine utilizzando OrderSelect(), la funzione ha lo stesso input di prima. Se viene selezionato un ordine che è presente nel nostro pool di ordini, allora sarà true. Ci sarà l'ordine selezionato e passerà l'operazione all'istruzione successiva. Questo sarà sempre un sì perché se non c'è un ordine non inizierà il ciclo dato che in questo caso TotalOrder() sarà uguale a 0, e passerà il controllo direttamente fuori dal ciclo.

4. Con questa operazione di istruzione if controlliamo se l'ordine selezionato è un ordine di acquisto, in tal caso questa istruzione passerà l'operazione a quella successiva; oppure eseguirà lo stesso ordine attraverso le operazioni di vendita che sono più in basso, dopodiché ricomincerà il ciclo con l'ordine successivo.

5. Questa istruzione if controlla se la differenza tra il prezzo corrente e quello aperto è maggiore del numero di pips che abbiamo deciso di seguire con la variabile WhenToTrail. Moltiplichiamo questa variabile per pips per convertirla da 40 a 0.0040. Se la nostra variabile è 40, il mercato si è spostato di oltre 40 pips a nostro favore, questa istruzione passerà l'operazione all'istruzione successiva oppure passerà il controllo per verificare se si tratta di un ordine di vendita.

6. Questo controllerà se si tratta di un ordine di acquisto e se il nostro attuale stop loss è inferiore a quello che vogliamo seguire. Se orderstoploss è 1.4500 e vogliamo che il trail stop loss sia a 1.4505 l'affermazione diventerà true e passerà l'operazione all'istruzione successiva; questo significa che dobbiamo cambiare lo stop loss nel punto in cui vogliamo il trail. Altrimenti passerà il controllo per verificare se si tratta di un ordine di vendita ed eseguirà il resto delle operazioni.

7. Utilizziamo la funzione OrderModify() per modificare lo stoploss dietro il prezzo di offerta che vogliamo che lo stoploss si avvicini, usiamo anche i pips per convertire TrailAmount in pips.

Dichiarazione delle variabili in Area Globale:

```
extern int TakeProfit=50;
extern int StopLoss=25;
extern double LotSize=0.01;

double pips;

extern bool UseBreakEven=True;
extern int MoveToBreakEven=50;
extern int PipsProfitLock=20;

extern bool UseTrailingStop=true;
extern int WhenToTrail=50;
extern int TrailAmount=30;
```

12-3 Questa è l'area delle variabili globali con la funzione trailingstop.

Come usare TrailingStop

Come funzione BreakEven(), questa verrà inserita anche nella nostra funzione OnTick dopo TotalOpenOrders>0 if- Statements.

```
void OnTick()
  {
  if(IsNewCandle())
     {
       if(TotalOpenOrders()< )
         {
          EntrySignal();
         }
     }
     if(TotalOpenOrders()> )
        {
          if(UseBreakEven)
             {
              BreakEven();
             }
          if(UseTrailingStop)
             {
              TrailingStop();
             }
        }
  }
```

12-4 Questa è la funzione OnTick() quando si include la funzione TrailingStop.

Come con la funzione BreakEven() includiamo questa funzione nelle stesse parentesi, all'interno delle parentesi dell'istruzione if che controlla se c'è un ordine aperto. Se gli ordini sono aperti allora verificherà se abbiamo impostato Usebreakeven su true, e in questo caso eseguirà la funzione di pareggio. Quindi controlla se abbiamo impostato UseTrailingStop su true, in tal caso eseguirà la funzione Trailingstop. Se non abbiamo ordini aperti andrà alla fine del programma.

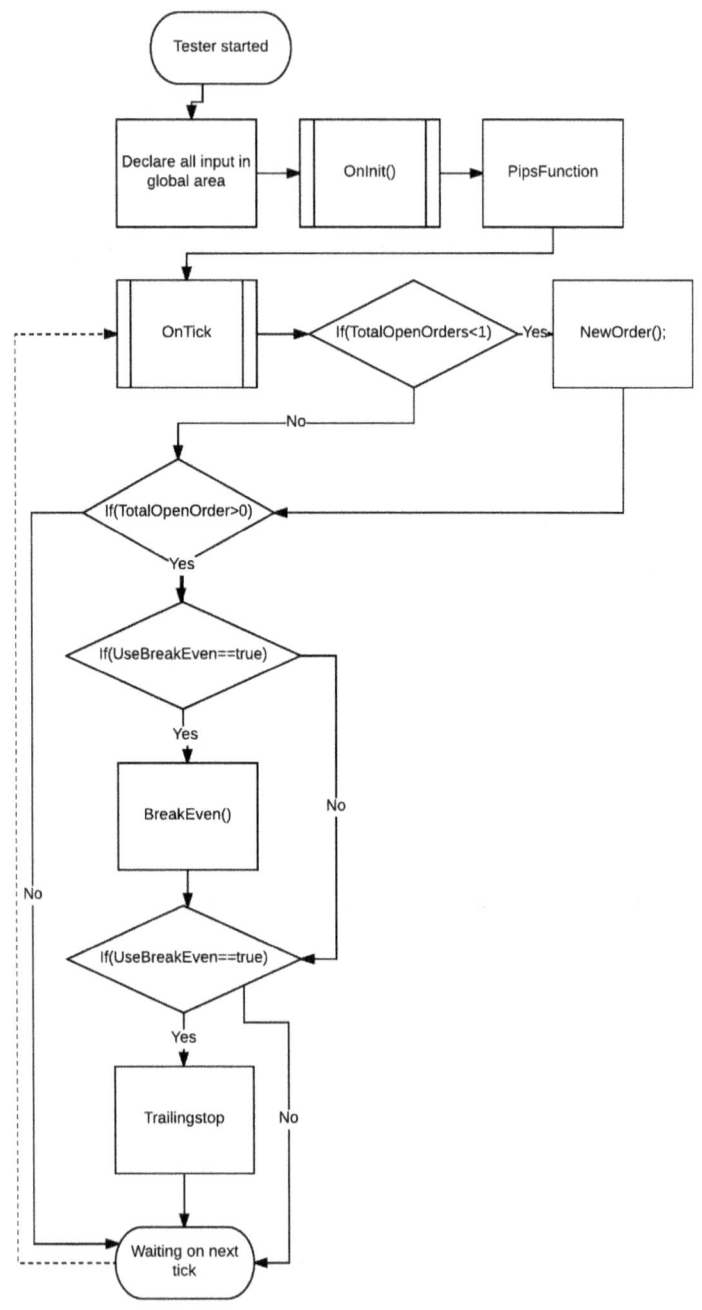

12-5 Diagramma di flusso della funzione Ontick() con TrailingStop incluso

CHAPTER 13:
Funzione Trade

Descrizione della funzione

Abbiamo creato funzioni, la più importante è la funzione di invio del trading, che include l'opzione per disattivare lo stoploss e il takeprofit, impostare il takeprofit in funzione dello stoploss (rischio/rendimento) e l'opzione per positionsize.

Il nome della funzione sarà: Trade (int direction)

Int direction è un parametro di input che utilizzeremo per richiamare se vogliamo scambiare un ordine di acquisto o vendita.

Trade(0) per ordine di acquisto e Trade(1) per ordine di vendita.

Avremo la possibilità di avere uno stop loss o no stop loss.

Avremo la possibilità di avere un take profit o nessun take profit.

Avremo una posizione con un rapporto rischio/rendimento, per questo abbiamo bisogno che lo stop loss sia attivato.

Avremo un dimensionamento automatico della posizione, questo richiede l'attivazione dello stop loss e la possibilità di scegliere la percentuale di rischio per operazione.

Variabile nell'Area Globale:

extern bool UseStoploss=true; Questo sarà true se vuoi usare lo stop loss, false in caso contrario

extern bool UseTakeProfit=true; Questo sarà true se vogliamo usare takeprofit, false in caso contrario

extern bool UsePosition=true; Questo sarà true se vogliamo usare il posizionamento, false in caso contrario

extern bool UseRiskReward=true; Questo sarà true se vogliamo usare il rapporto rischio/rendimento

extern double reward_ratio=2; Questo è il rapporto di rendimento del rischio, se è true significa che il takeprofit è il doppio dello stoploss

extern int RiskPercent=1; Questa è la percentuale di posizionamento su quanta percentuale del nostro capitale attuale vogliamo utilizzare per le operazioni di trading su ogni operazione, il nostro rischio su ogni operazione.

Funzione Call on:
Questa funzione verrà richiamata da una funzione Trade Logic che definiremo con Trade(0) o Trade(1).

```
void Trade(int Direction)//1.
{
double SL;//2.
double TP;//3.
double Equity=AccountEquity();//4
double RiskedAmount=Equity*RiskPercent*   ;//5.
double Lots= ;//6.
    if(Direction== )//.7
    {
        if(UseStoploss)//8.
        {
            SL=Bid-StopLoss*pips;
        }
        else
        {
            SL= ;
        }
        double PipsToBuyStoploss=StopLoss*pips;
        if(UseTakeProfit)//.9
        {
            if(UseRiskReward && UseStoploss)//10.
            {
                TP=(Bid-SL)* +Bid;
            }
            else
            {
                TP=Bid+TakeProfit*pips;
            }
        }
        else
        {
            TP= ;
        }
        if(UsePosition && UseStoploss)//.11
        {
            Lots=(RiskedAmount/(PipsToBuyStoploss/pips))/  ;
        }
        else
        {
            Lots=LotSize;
        }
        int res=OrderSend(Symbol(),OP_BUY,Lots,Ask, ,NormalizeDouble(SL, ),NormalizeDouble(TP, ),NULL, , ,clrNONE);//11.
    }
    if(Direction== )
    {
        if(UseStoploss)
        {
            SL=Ask+StopLoss*pips;
        }
        else
        {
            SL= ;
        }
        double PipsToSellStoploss=StopLoss*pips;
        if(UseTakeProfit)
        {
            if(UseRiskReward && UseStoploss)
            {
                TP=Ask-((SL-Ask)* );
            }
            else
            {
                TP=Ask-TakeProfit*pips;
            }
        }
        else
        {
            TP= ;
        }
        if(UsePosition && UseStoploss)
        {
            Lots=(RiskedAmount/(PipsToSellStoploss/pips))/  ;
        }
        else
        {
            Lots=LotSize;
        }
        int res=OrderSend(Symbol(),OP_SELL,Lots,Bid, ,NormalizeDouble(SL, ),NormalizeDouble(TP, ),NULL, , ,clrNONE);
    }
return;
}
```

13-1 Funzione Trade().

1. Questa funzione è nulla. Scriviamo void Trade(int direction), parentesi aperte e chiuse e return prima della parentesi di chiusura per dire all'esecutore che questa siamo alla fine di questa funzione e il controllo sarà dato al di fuori della funzione da lì. Direction è una variabile di input

che verrà utilizzata per chiamare la funzione, è un tipo integer. Verrà chiamato come Trade(0) per l'ordine di acquisto e Trade(1) per l'ordine di vendita, 0 1 è di tipo integer quindi la variabile Direction è di tipo integer.

2. Stiamo definendo una nuova doppia variabile SL(stop loss) che useremo per inserirla nella nostra funzione OrderSend() senza alcun valore iniziale assegnato ad essa.

3. Stiamo definendo una nuova doppia variabile TP(take profit) che useremo per inserirla nella nostra funzione OrderSend() senza alcun valore iniziale assegnato.

4. Abbiamo una doppia funzione denominata equity, a questa variabile verrà assegnato il valore del conto corrente

5. Abbiamo una doppia variabile denominata risked amount, questo è l'importo che vogliamo rischiare su una particolare operazione di trading. Moltiplichiamo l'equity corrente per il rischio che vogliamo mettere su questa operazione di trading con la variabile RiskPercent nella nostra area globale; tutto questo perché è di tipo integer e vogliamo convertirlo in percentuale moltiplicandolo per 0.01

6. Abbiamo una variabile chiamata Lots, con zero valore iniziale assegnato. Tutte queste variabili sono locali, possono essere quindi utilizzate solo all'interno di questa funzione.

7. La funzione che abbiamo chiamato This was Trade(0), eseguirà tutto all'interno di questa parentesi di istruzione.

8. La prima cosa è decidere lo stop loss, se UseStoploss è uguale a stoploss avremo Bid-Stoploss*pips, altrimenti sarà uguale a zero.

9. Decidiamo lo stop loss. Se lo stoploss è uguale a true, allora dobbiamo chiederci se stiamo usando il rischio per ricompensare (se è true).

10. Se questo è true il takeprofit potrà essere, ad esempio, due volte lo stoploss; mentre se non è true lo stoploss è Bid+TakeProfit*pips.

11. Quindi dobbiamo vedere se UsePosition e stoploss sono uguali a true, se è così allora lotsize è una funzione di Riskedamount e del nostro stoploss.

12. Inseriamo il nostro trade con tutte le variabili di input che abbiamo selezionato dall'inizio nella funzione.

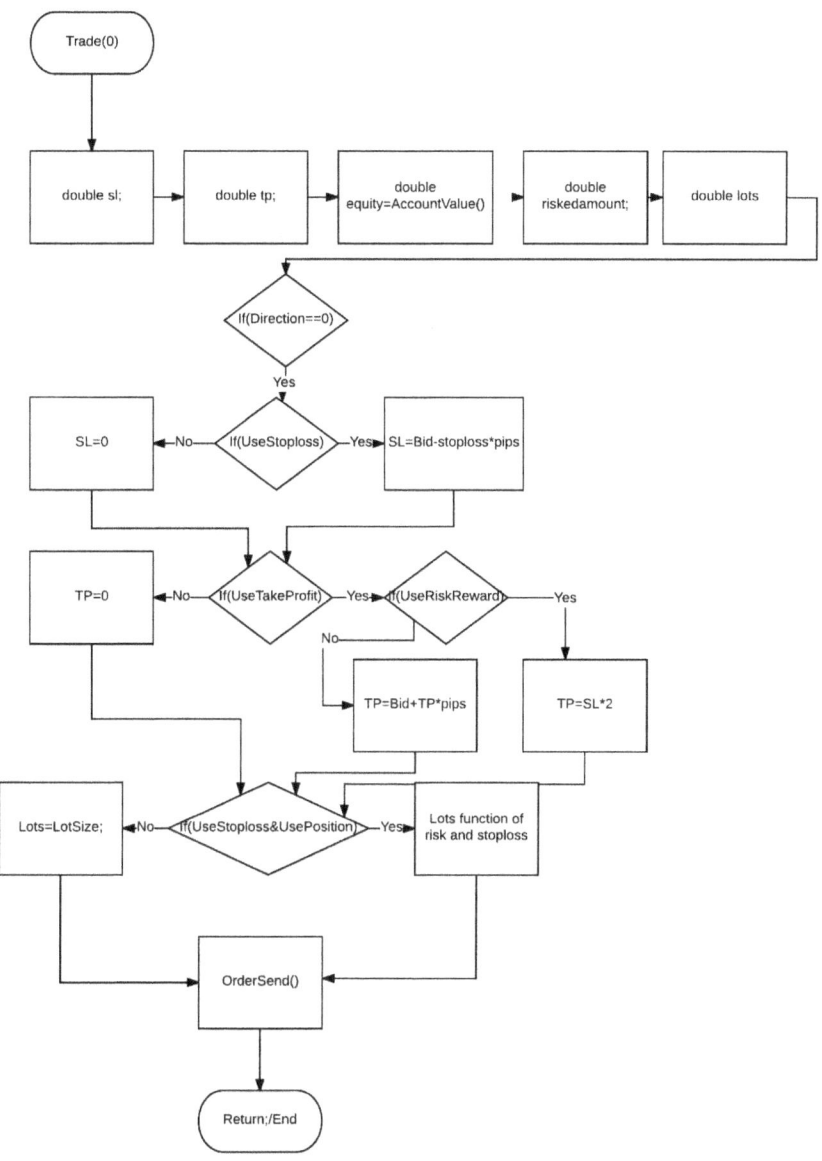

13-2 Diagramma di flusso della funzione Trade().

Invochiamo la funzione Trade(0) che verifica se la direzione è uguale a zero, indicando che la funzione di input è uguale a zero. Se ciò è true, verrà eseguito attraverso tutto ciò che è stato dichiarato tra le parentesi di apertura e chiusura dell'istruzione if(Direction==0) ed eseguirà tutto ciò che è stato affermato nel diagramma di flusso presente sopra.

```
10
11 extern int TakeProfit=50;
12 extern int StopLoss=25;
13 extern double LotSize=0.01;
14
15 double pips;
16
17 extern bool UseBreakEven=True;
18 extern int MoveToBreakEven=50;
19 extern int PipsProfitLock=20;
20
21 extern bool UseTrailingStop=true;
22 extern int WhenToTrail=50;
23 extern int TrailAmount=30;
24 extern bool UseStoploss=true;
25 extern bool UseTakeProfit=true;
26 extern bool UsePosition=true;
27 extern bool UseRiskReward=true;
28 extern double reward_ratio=2;
29 extern int RiskPercent=1;
30
31
```

13-3 Sopra puoi vedere come appare la nostra area globale.

Come usare Trade()

Useremo questa funzione in seguito, quando creeremo una funzione Strategy() dove è possibile scrivere la logica di trading e da quella chiamata su questa funzione Trade().

CHAPTER 14:
Funzione CandleClose

Descrizione della funzione

Ci sono diversi modi per chiudere un'operazione di trading, alcuni trader lo fanno con uno stop loss e take profit, altri usano close dopo qualche regola di candela. Creiamo questa funzione perché ne abbiamo bisogno anche per creare una strategy.

Nome funzione: CandleClose();

Variabili nell'area globale:

extern Bool UseCandleClose=true; Questa variabile è posizionata nell'area globale ed è una variabile esterna perché abbiamo bisogno che sia modificabile. Se vogliamo usare CandleClose() lo impostiamo su true o false.

extern int CloseAfterCandles=1; Questa è una variabile intera e deciderà in seguito quante candele vogliamo chiudere il nostro ordine. 1 significa che vogliamo chiudere questa operazione dopo che è stata eseguita una operazione di trading di candela.

Dove applicare la funzione: La funzione dovrebbe essere eseguita ad ogni tick in caso di ordine aperto. Si trova all'interno della stessa parentesi della nostra funzione BreakEven e TrailingStop.

Variabili nell'area locale:

Int period=Period(); A questa variabile è assegnata la funzione Period(), period restituisce il valore di quale periodo di tempo stiamo eseguendo questo algoritmo. Se stiamo eseguendo un grafico a un minuto, restituirà 1, e 5 se lo stiamo eseguendo cinque minuti, 60 se viene eseguito ogni ora e 240 se stiamo eseguendo a 4 ore che è 1 ora*4=60*4=240.

int period2=0; Questa variabile ha inizialmente un valore zero perché utilizzando una funzione switch vogliamo assegnarle un valore. Questa variabile restituirà i secondi del timeframe. Ad esempio, se è collegato a un minuto, ci sono 60 secondi in un minuto, quindi period2 ha valore 60. Se è collegato ad un grafico di 1 ora ci sono 60*60=3600 secondi in un'ora, quindi questa variabile otterrà un valore di 3600; ma tutto ciò avviene tramite una funzione commutativa.

```
void CandleClose()//1
{
    int period=Period();//2.
    int period2= ;//3.

    switch(period)//4.
    {   case  :period2=   ;break;
        case  :period2=   ;break;
        case  :period2=   ;break;
        case  :period2=   ;break;
        case  :period2=   ;break;
        case  :period2=   ;break;
        case  :period2=   ;break;
        case  :period2=   ;break;
        case  :period2=   ;break;
        //default: Alert("Nothing");
    }
    for(int i=OrdersTotal();i> ;i--)//5.
    {
        if(OrderSelect(i- ,SELECT_BY_POS,MODE_TRADES))//6.
        {
            if(TimeCurrent()-OrderOpenTime()>period2*CloseAfterCandles)//7.
            {
                CloseAllOrders();//8.
            }
        }
    }
    return;
}
```

14-1 La funzione CloseCandle()

1. Iniziamo a scrivere il tipo di funzione che è void. Quindi chiamiamo la funzione *CancleClose* e inseriamo parentesi di apertura e chiusura dopo il nome della funzione per avvisare il sistema che si tratta di una funzione. Successivamente abbiamo bisogno di una parentesi di apertura e chiusura che abbia tutte le operazioni all'interno della funzione. Prima della parentesi chiusa dobbiamo scrivere *return*; per indicare che questa è la fine della funzione e il controllo viene passato dalla funzione all'operazione successiva, o sta eseguendo la funzione successiva o ancora se termina.

2. Dobbiamo definire il nostro periodo variabile come un numero intero e assegnare il valore Period() che restituirà l'intervallo di tempo sul quale è in esecuzione questo

algoritmo. Se si tratta di un intervallo di un minuto, restituirà 1, 60 se è per un'ora e 240 se è un intervallo di 4 ore.

3. Questa è la nostra prossima variabile nell'area locale, variabile che può essere utilizzata solo all'interno di questa funzione. Questa variabile è un numero intero alla quale inizialmente assegniamo un valore 0, ma le verrà assegnato un valore dopo aver eseguito l'operazione di commutazione successiva nella funzione. Il nome di questa funzione è *period2*.

4. Questo è un operatore switch, è lo stesso di un'istruzione if ma con più casi. Inizi scrivendo switch con parentesi aperte e chiuse, tra parentesi inserisci il nome della variabile da controllare. Fino ad ora *period* è stato dato un valore restituito dalla funzione *period()*. Quindi aggiungi una parentesi aperta e una chiusa per indicare tutti i casi. Abbiamo un numero se a quel *period* è stato assegnato il valore 1, quindi assegneremo un valore di 60 alla variabile period2 dato che ci sono 60 secondi in un minuto. In questo caso, dopo aver assegnato il valore abbiamo scritto break; ciò che fa questo operatore è che dopo aver assegnato il valore *period2* e il caso è *period1*, allora non controllerà il resto dei casi e passerà il controllo dalle parentesi dell'operatore switch all'operazione successiva presente nella funzione. In questo modo risparmiamo un po' di tempo, ma se non scriviamo break; continuerà a controllare se il caso è 5,15 e così via. Abbiamo assegnato un valore a

tutte le variabili di cui avremo bisogno nelle operazioni future sia le variabili *period* che *period2*

5. Quindi abbiamo un ciclo for che verrà eseguito attraverso tutti gli ordini aperti, a partire dall'ultimo ordine e diminuirà di uno alla volta.

6. Dobbiamo selezionare un ordine nel nostro pool di trading per controllare il trade nell'operazione successiva.

7. Qui abbiamo un'istruzione if che vale come una dichiarazione di decisione. La funzione TimeCurrent() restituisce i secondi correnti dal 1970, il numero di secondi dal 1970. OrderOpenTime() restituisce quanti secondi sono trascorsi dal 1970 quando eseguiamo l'operazione. La differenza tra questi due è da quanti secondi l'operazione è stata aperta. Period2 ha il valore che gli abbiamo assegnato utilizzando l'operatore switch. Se stiamo eseguendo questa strategia su un grafico orario, il *period2* ha un valore di 3600 (numero di secondi in un'ora) e lo moltiplichiamo per il numero di candele o ore dopo la chiusura. 1 se vogliamo chiudere dopo un'ora e 2 ecc. se vogliamo chiudere questo trade dopo due candele orarie (due ore). L'istruzione if controlla quando il tempo di durata del trade in secondi è maggiore del valore sul lato destro di >, se questo è il caso, allora passa il controllo all'operazione successiva.

8. La prossima operazione sta richiamando la nostra funzione CloseAllOrder(); che abbiamo già costruito ed è nello

stesso script. Chiude tutti gli ordini aperti ed elimina gli ordini in sospeso.

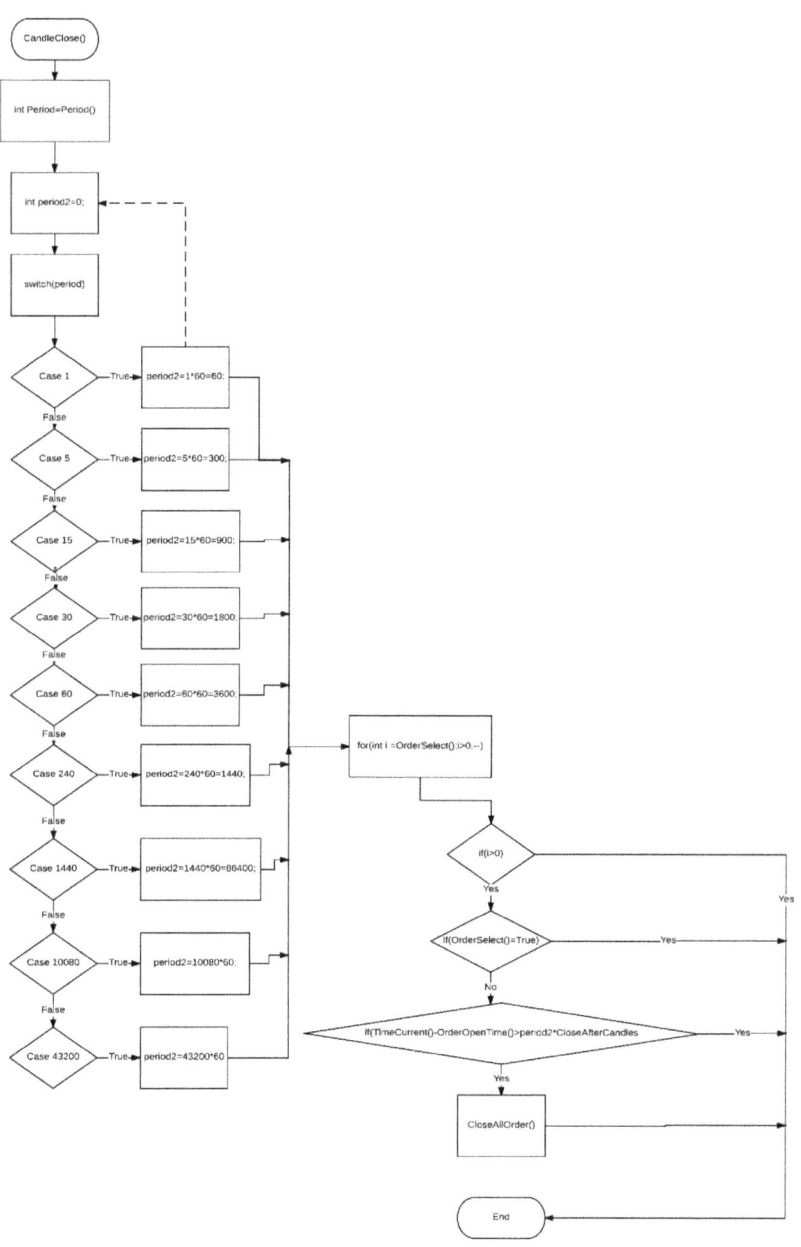

14-2 Diagramma di flusso della funzione CloseCandle().

```
11 extern int TakeProfit=50;
12 extern int StopLoss=25;
13 extern double LotSize=0.01;
14
15 double pips;
16
17 extern bool UseBreakEven=True;
18 extern int MoveToBreakEven=50;
19 extern int PipsProfitLock=20;
20
21 extern bool UseTrailingStop=true;
22 extern int WhenToTrail=50;
23 extern int TrailAmount=30;
24 extern bool UseStoploss=true;
25 extern bool UseTakeProfit=true;
26 extern bool UsePosition=true;
27 extern bool UseRiskReward=true;
28 extern double reward_ratio=2;
29 extern int RiskPercent=1;
30 extern bool UseCandleClose=true;
31 extern int CloseAfterCandles=1;
```

14-3 Questa è la variabile globale con la funzione CandleClose().

Come usare la Funzione CandleClose

Ora abbiamo creato una funzione che utilizzeremo per progettare la nostra strategia di trading. Dobbiamo impostare UseCandleClose=true; e decidere il numero di candela che vogliamo chiudere in seguito nell'area globale. Quando utilizziamo questa funzione devi impostare UseStopLoss e UseTakeProfit come false, in caso contrario otterrai due meccanismi di chiusura.

```
void OnTick()
  {
  if(IsNewCandle())
     {
       if(TotalOpenOrders()< )
          {
          EntrySignal();
          }
     }
     if(TotalOpenOrders()> )
        {
        if(UseBreakEven)
           {
           BreakEven();
           }
        if(UseTrailingStop)
           {
           TrailingStop();
           }
         if(UseCandleClose)
           {
           CandleClose();
           }
        }
  }
```

14-4 Questa è la funzione OnTick() con inclusa la funzione di chiusura della candela.

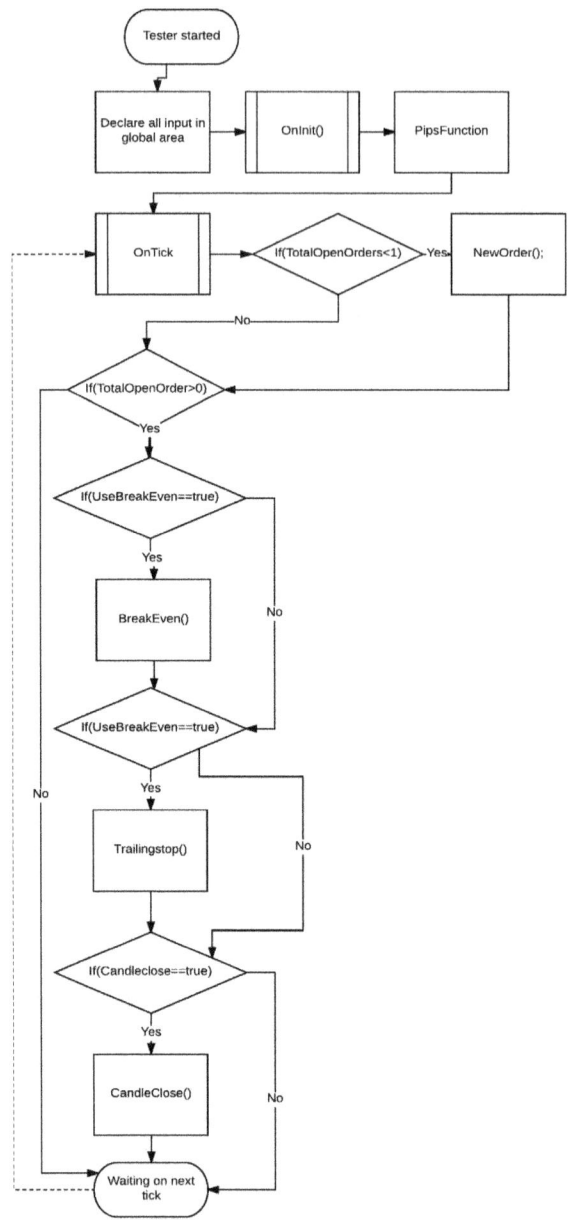

14-5 Il diagramma di flusso per la funzione Ontick() con Candleclose().

CHAPTER 15:
Funzione Strategy

Descrizione della funzione

Questa è la funzione in cui decidiamo la nostra strategia. Invitiamo la funzione Trade(0) per un ordine di acquisto e Trade(1) per un ordine di vendita.

Nome funzione: EntrySignal()

Variabili nell'area globale:

Extern int ShortMAPeriod=50; Questo è l'input per la funzione di media mobile di breve termine e di quanti periodi stiamo usando di breve termine.

Extern int LongMAPeriod=100; Questo è l'input per la funzione di media mobile di lungo termine, come periodi di media mobile.

extern bool TradeLong=true; Questa variabile è true se vogliamo fare trading long nella nostra strategia.

extern bool TradeShort=true; Questa variabile è true se vogliamo fare trading short nella nostra strategia.

Variabili nell'area locale delle funzioni:

Dobbiamo calcolare le diverse medie mobili. Dato che faremo trading sui crossover, dobbiamo calcolare un periodo e due periodi prima delle medie mobili. Per il long trading i due periodi precedenti la media mobile a breve termine dovrebbero essere inferiori alla media mobile a lungo termine e il periodo precedente, il breve termine dovrebbe essere al di sopra del lungo termine e quindi avremo+ una strategia di crossover.

Double ShortMaCurrent=iMA(Symbol(),PERIOD_CURRENT,ShortMAPeriod,0,MODE_SMA,PRICE_CLOSE,1);

Double LongMaCurrent=iMA(Symbol(),PERIOD_CURRENT,LongMAPeriod,0,MODE_SMA,PRICE_CLOSE,1);

Double ShortMaPrevious=iMA(Symbol(),PERIOD_CURRENT,ShortMAPeriod,0,MODE_SMA,PRICE_CLOSE,2);

Double LongMaPrevious=iMA(Symbol(),PERIOD_CURRENT,LongMAPeriod,0,MODE_SMA,PRICE_CLOSE,2);

Come puoi vedere le variabili globali che sono modificabili sono l'input nelle variabili locali.

```
void EntrySignal()//0
{
double ShortMaCurrent=iMA(Symbol(),PERIOD_CURRENT,ShortMAPeriod, ,MODE_SMA,PRICE_CLOSE, );//1.
double LongMaCurrent=iMA(Symbol(),PERIOD_CURRENT,LongMAPeriod, ,MODE_SMA,PRICE_CLOSE, );
double ShortMaPrevious=iMA(Symbol(),PERIOD_CURRENT,ShortMAPeriod, ,MODE_SMA,PRICE_CLOSE, );
double LongMaPrevious=iMA(Symbol(),PERIOD_CURRENT,LongMAPeriod, ,MODE_SMA,PRICE_CLOSE, );
   if(TradeLong)//.2
   {
      if(ShortMaPrevious<LongMaPrevious && ShortMaCurrent>LongMaCurrent)//3.
      {
         Trade( );//.4
      }
   }
   if(TradeShort)
   {
      if(ShortMaPrevious>LongMaPrevious && ShortMaCurrent<LongMaCurrent)
      {
         Trade( );
      }
   }
return;
}
```

15-1 Ecco come apparirà la nostra funzione strategy con il crossover della media mobile.

1. Iniziamo con void visto che questa funzione esegue solo ciò che è indicato tra parentesi, quindi il nome della funzione con parentesi aperte e chiuse. Aggiungiamo quindi una parentesi di apertura e chiusura con return; al suo interno.

2. Scriviamo le variabili locali che useremo in questa funzione e vediamo come le variabili locali hanno variabili esterne globali come variabili di input.

3. Controlliamo se abbiamo impostato la nostra variabile bool TradeLong su true o false, se è vera passa il controllo all'operazione successiva.

4. Questa è anche un'istruzione if che verifica se la media mobile breve di due periodi era inferiore alla media mobile lenta e la media mobile rapida di un periodo è superiore a una media mobile lenta di un periodo, il che significa che controlla un incrocio. Se l'incrocio è avvenuto, la funzione

sarà Trade() con 0 variabile di input che significa ordini di acquisto.

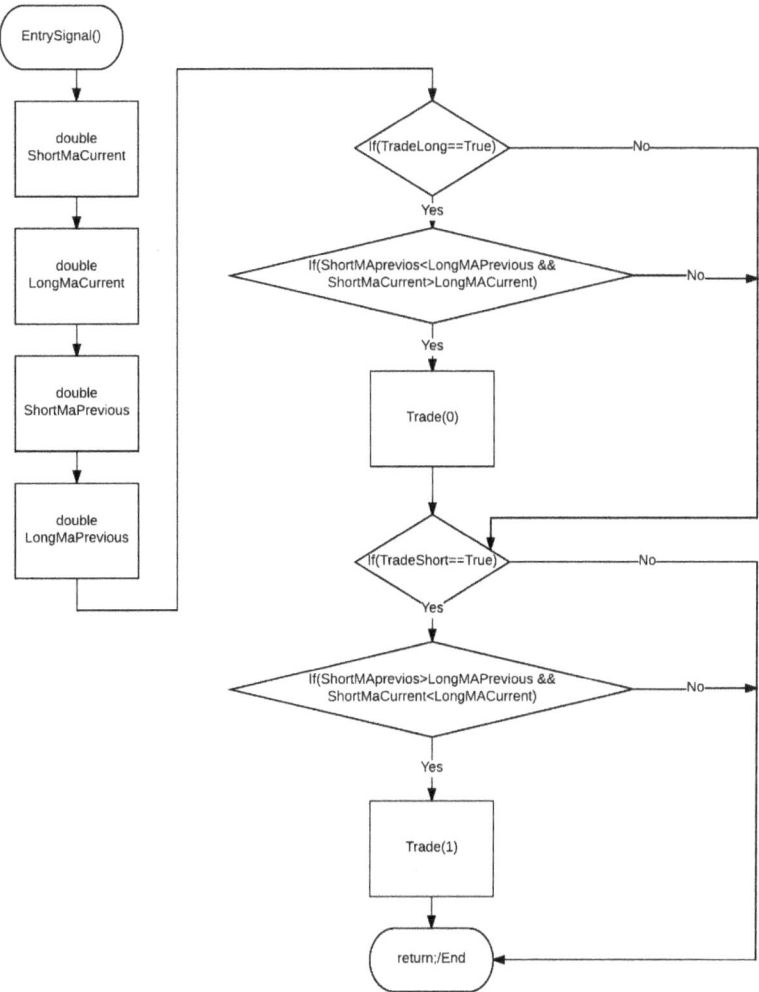

15-2 Diagramma di flusso dell'Entry Signal

```mq4
 1 //+------------------------------------------------------------------+
 2 //|                                                        MyAlgo.mq4 |
 3 //|                                                      Tayyab Rashid |
 4 //|                                                www.tayyabrashid.com |
 5 //+------------------------------------------------------------------+
 6 #property copyright "Tayyab Rashid"
 7 #property link      "www.tayyabrashid.com"
 8 #property version   "1.00"
 9 #property strict
10
11 extern int TakeProfit=50;
12 extern int StopLoss=25;
13 extern double LotSize=0.01;
14
15 double pips;
16
17 extern bool UseBreakEven=True;
18 extern int MoveToBreakEven=50;
19 extern int PipsProfitLock=20;
20
21 extern bool UseTrailingStop=true;
22 extern int WhenToTrail=50;
23 extern int TrailAmount=30;
24 extern bool UseStoploss=true;
25 extern bool UseTakeProfit=true;
26 extern bool UsePosition=true;
27 extern bool UseRiskReward=true;
28 extern double reward_ratio=2;
29 extern int RiskPercent=1;
30 extern bool UseCandleClose=true;
31 extern int CloseAfterCandles=1;
32 extern bool TradeLong=true;
33 extern bool TradeShort=true;
34 extern int ShortMAPeriod=50;
35 extern int LongMAPeriod=100;
```

15-3 Questa è la variabile nell'area globale con tutte le funzioni incluse, anche EntrySignal().

CHAPTER 16:
Come usare la funzione OnTick()

Metteremo EntrySignal() nella nostra funzione Ontick e tra parentesi di IsNewCandle() e TotalOpenOrders<1 if-statement.

```
void OnTick()
{
  if(IsNewCandle())
    {
      if(TotalOpenOrders()< )
        {
          EntrySignal();
        }
      }
      if(TotalOpenOrders()> )
        {
          if(UseBreakEven)
            {
              BreakEven();
            }
          if(UseTrailingStop)
            {
              TrailingStop();
            }
          if(UseCandleClose)
            {
              CandleClose();
            }
        }
}
```

16-1 Questa è la funzione OnTick() con la funzione EntrySignal() inclusa.

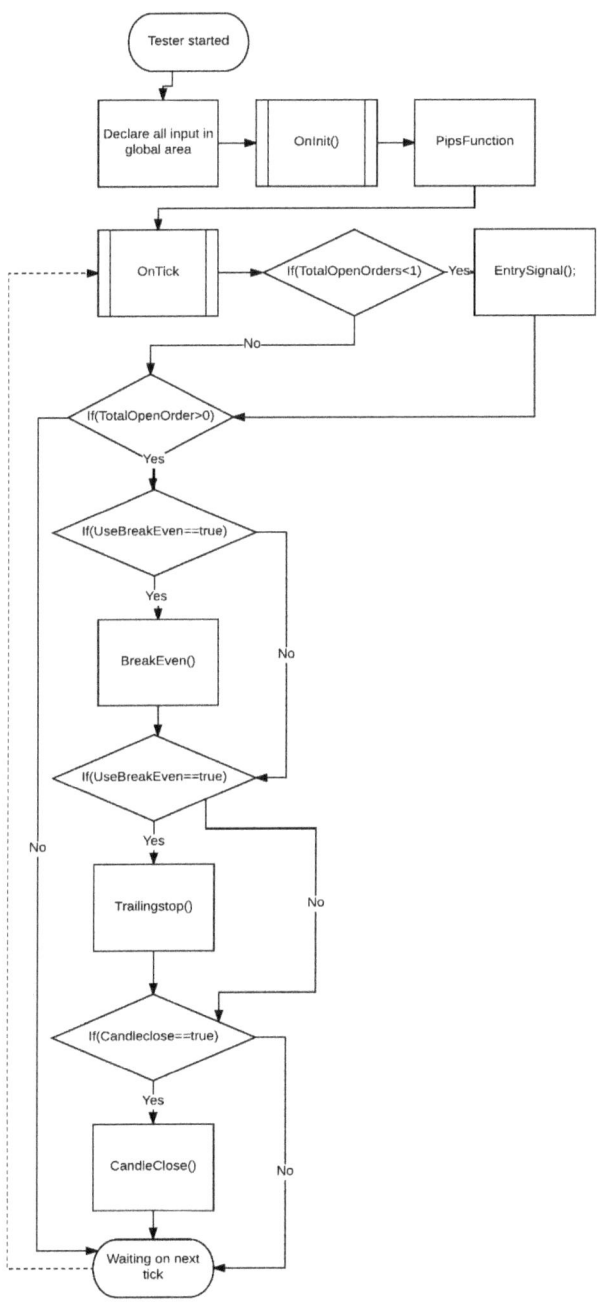

16-2 Diagramma di flusso con funzione EntrySignal() inclusa.

CHAPTER 17:
Progettare una strategia di trading

Come prima cosa dovresti chiederti perché vuoi fare trading. Finché sei sul mercato, il tuo capitale è a rischio. Puoi correre grandi rischi per ottenere grandi ricompense, che equivalgono in qualche modo alle tecniche di gioco d'azzardo, oppure puoi fare trading con saggezza e controllare il tuo rischio per ottenere profitti ragionevoli a lungo termine. I trader professionisti annualmente giocano su circa il 7%, in media, un drawdown accettabile è il doppio del tuo return.

Ora hai tutti gli elementi costitutivi da usare insieme alla libertà di regolarli, ma mantenendoli comunque efficaci. Per evitare l'adattamento della curva, è necessario un sistema che includa parametri di volatilità, ma non è obbligatorio sovra-ottimizzare o ottimizzare più parametri contemporaneamente.

Sviluppo della strategia di trading

1. Trova un segnale di ingresso, questo si ottiene modificando la funzione EntrySignal(), poi inserisci la tua logica di trading e imposta la funzione CandleClose() (Stoploss, Takeprofit, Breakeven e Trailing su false perché non ne useremo nessuna). Chiudi la posizione dopo 5-10-20-30 candele e vedi che tipo di segnale di ingresso ti si presenta davanti, dovrebbe generare un rendimento complessivo positivo. Quindi vale la pena andare oltre con questo segnale di trading.

2. Ricorda di prenderti un periodo di tempo di prova significativo, oltre a includere molti tipi di mercati, trend rialzista, trend ribassista e mercati variabili. Nel test sono inclusi anche il trend rialzista volatile, il trend rialzista della volatilità media e l'eccesso di volatilità. Esegui la stessa logica di immissione su coppie diverse e intervalli di tempo diversi per scoprire quale sia il migliore. Capirai rapidamente che una voce di breakout avrà un rendimento complessivo positivo quando usi candle close e scegli di chiudere subito dopo 5-10 candele, ma una strategia di trend avrà bisogno di più tempo per portare un profitto. Quindi, in base alla tua strategia di trading, dovresti essere in grado di restringere la tua chiusura dopo un certo numero di candele. Spesso le operazioni long e short non hanno lo stesso meccanismo di apertura e chiusura, quindi potresti prima trovare una strategia per long e poi una per short.

3. Quando hai scelto il lasso di tempo e una buona coppia performante. Cerchi di combinare la tua strategia di ingresso con diverse strategie di uscita. Potrebbe essere uno stop-loss e take-profit dinamico, trailing stop, trailing stop a media mobile semplice a 60 period, con o senza breakeven. Dovresti avere regole predefinite.

4. Per avere successo hai bisogno di un portafoglio diversificato di strategie su coppie e tempi differenti. Perché se hai una strategia di trend, perderai denaro nel

mercato di range, ma se hai anche una strategia per i mercati di range, allora guadagnerai soldi proprio su quello.

5. Qualunque sia il sistema che utilizzi, il rapporto di ritorno al drawdown può essere grande quanto 1:2.

6. A volte potrebbe essere meglio fare il contrario e progettare un sistema di uscita (quello che si desidera dal mercato) e poi progettare un segnale di ingresso.

CONTENUTO BONUS
(Istruzione If, Funzione ciclo for)

Questo viene usato spesso nelle funzioni ed è il processo decisionale, in altre parole ci si chiede se un'affermazione è vera o no.

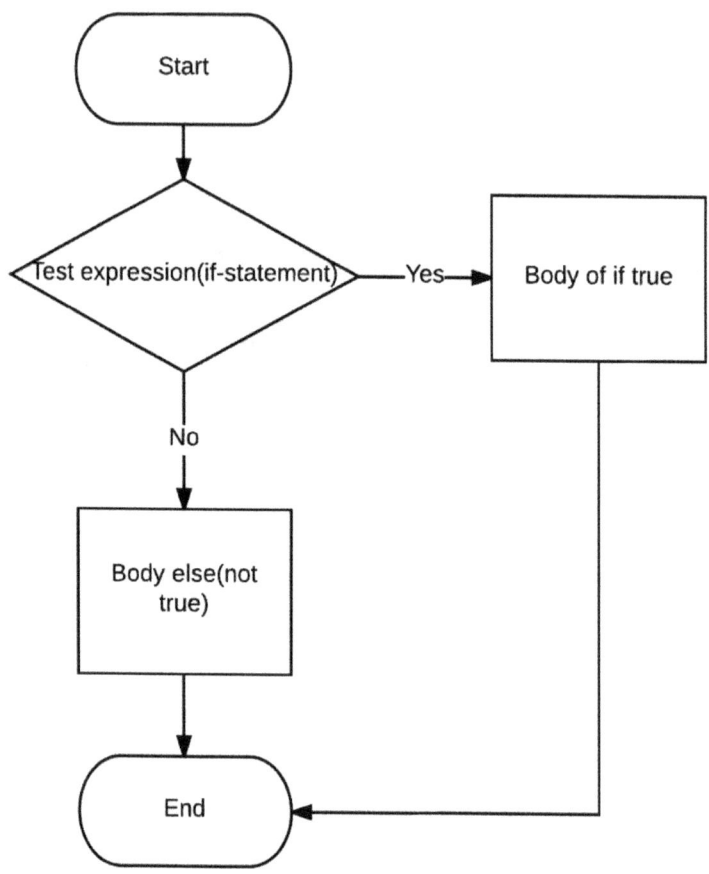

Questo è un diagramma di flusso di un'istruzione if.

Dall'inizio, passa il controllo a istruzione if. Se l'affermazione è vera, viene eseguito tutto il corpo di true. Ma se non è così e l'affermazione non è vera ma falsa, allora tutto verrà eseguito ed entrambi passeranno il controllo fino alla fine.

Esempio 1:

```
void Test1()
{
    int A= ;
    int B= ;
    if(A>B)
    {
        Comment("A is bigger Than B");
    }
    else
    {
        Comment("A is less than B");
    }
return;
}
```

Questo è un esempio di un'istruzione if, abbiamo una funzione chiamata Test1. Si inizia con la definizione di due variabili A e B.

Allora abbiamo un'istruzione if che chiede se A è maggiore di B. Quindi, se è vero, abbiamo un commento di output che è "A è maggiore di B". Se l'affermazione è falsa, A è minore di B, allora abbiamo altro corpo che verrà eseguito. Un commento "A è minore di B".

Esempio 2:

```
void Test2()
{
    int A= ;
    int B= ;
    if(A>B)
    {
        Comment("A is bigger Than B");
    }
return;
```

Questo è un altro tipo di utilizzo dell'istruzione if, controlla se l'istruzione è vera, se è vera commenterà "A è maggiore di B" se non è vera passerà semplicemente il controllo fino alla fine. Puoi vedere il diagramma di flusso relativo qui sotto.

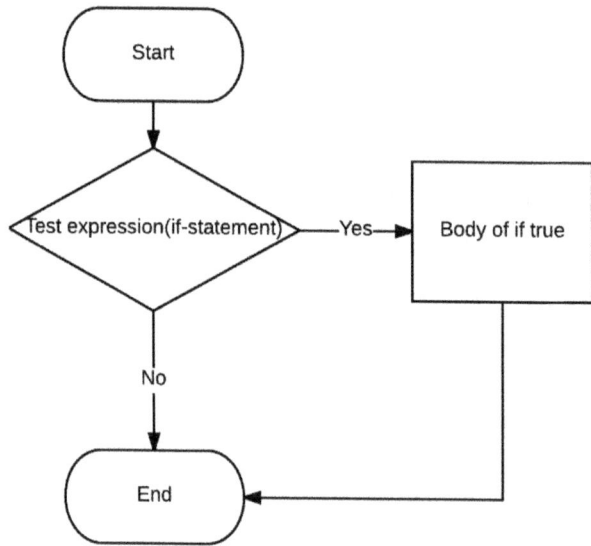

Istruzione If senza altre istruzioni.

Funzione Ciclo for

Puoi usare il ciclo for o while. Usiamo un ciclo for.

Esempio di ciclo for:

```
void test2()
{
    int Number= ;
    for(int i= ;i> ;i--)
    {
        Number=Number+ ;
    }
}
```

Esempio di un ciclo for

Qui abbiamo una funzione chiamata test2, che inizia dichiarando una variabile Number come numero intero e assegnando il valore zero. Quindi eseguiamo un ciclo for.

Iniziamo scrivendo for e due parentesi come una funzione con una parentesi aperta e chiusa. Tra parentesi scriviamo tre variabili. La prima variabile è quante volte vogliamo eseguire questa funzione o ciclo, che definiremo tra parentesi di apertura e chiusura, e tutto verrà eseguito per ogni ciclo. La seconda variabile è per quanto tempo vogliamo eseguire il ciclo, purché i sia maggiore di zero. La terza variabile definita che è di tipo ascendente o discendente. ++ significa che inizierà con il numero uno e poi il ciclo 2 e 3. - - significa che inizierà con 3 quindi eseguirà il ciclo 2 e 1, e si fermerà lì perché vogliamo eseguire il ciclo finché i è superiore a 0. Nelle parentesi di apertura e chiusura scriviamo tutto ciò che vogliamo eseguire per ogni ciclo.

Di seguito è riportato il diagramma di flusso del ciclo qui sopra.

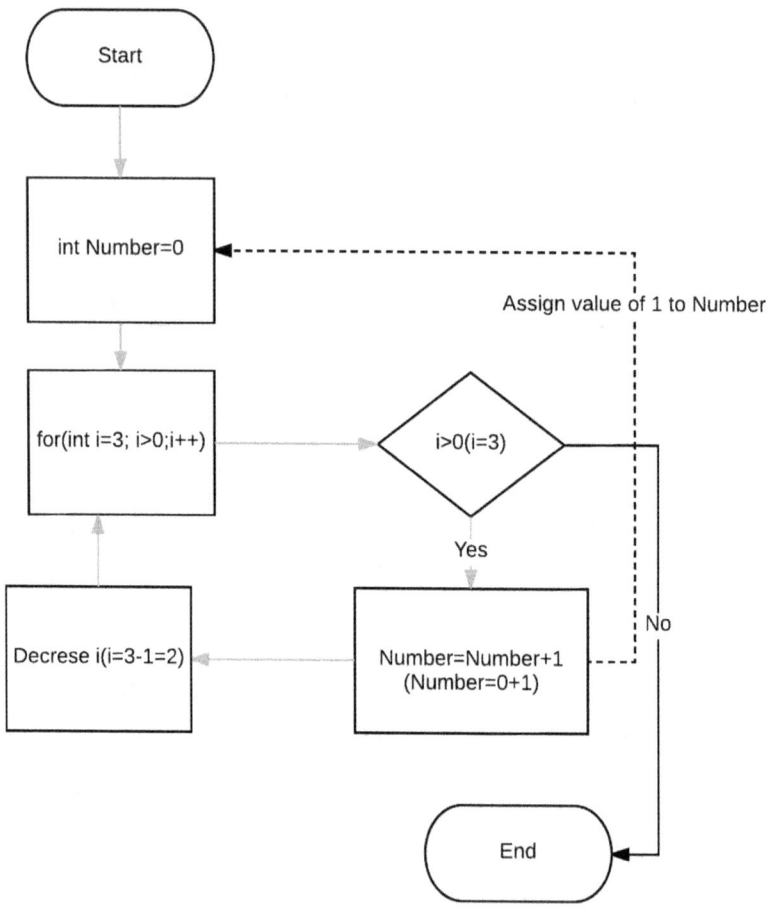

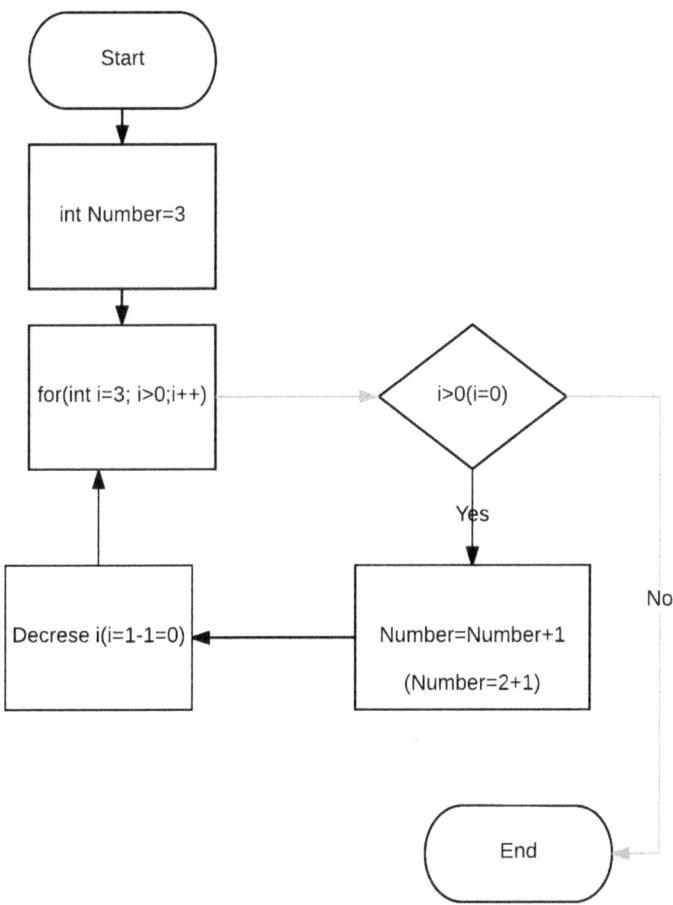

CONCLUSIONI

Grazie per essere arrivato alla fine di Programmazione di Expert Advisor per Principianti. Spero che sia stato informativo e che sia stato in grado di fornirti alcuni strumenti aggiuntivi che ti aiuteranno a raggiungere i tuoi obiettivi di trading. I prossimi passi, come raccomando sempre nei miei libri, sono quelli di passare all'azione. Prima di aprire un conto live, imposta un conto demo con il tuo fornitore di trading preferito e testa le strategie fino a raggiungere i risultati di cui hai bisogno.

L'AUTORE

Wayne Walker dirige una società che si occupa di consulenza e formazione sui mercati di capitale globali (gcmsonline.info). Vanta diversi anni di esperienza nella guida e nel coaching di team di Consulenti per gli Investimenti, oltre ad aver gestito team con le migliori prestazioni in un Gruppo di Clienti Privato basato sul Bench Mark Earnings (BME).